HaffmansTaschenBuch 25

ROBERT GERNHARDT

LETZTE ÖLUNG

AUSGESUCHTE SATIREN

ZWEITE FOLGE:
WIE ES WEITERGING
1979 — 1984

HAFFMANS VERLAG

Dies ist der letzte Teil
der Erstausgabe
der *Letzten Ölung,*
erschienen 1984
im Haffmans Verlag

Veröffentlicht als
HaffmansTaschenBuch 25, Frühjahr 1989
Konzeption und Gestaltung von
Urs Jakob
Umschlagzeichnung von
Robert Gernhardt

Copyright © 1984 by
Haffmans Verlag AG Zürich
Satz: Fosaco AG, Bichelsee
Herstellung: Ebner Ulm
ISBN 3 251 01025 5

1 2 3 4 5 6 – 94 93 92 91 90 89

Inhalt

WIE ES WEITERGING

ANHANG

WIE ES WEITERGING

Liebe Else, lieber Peter

EIN BEITRAG ZUR NEUEN INNERLICHKEIT

Du altes Arschloch, verschon mich bloß mit Deinen Ergüssen, sonst passiert noch was.

Dein letzter Brief klang etwas kühl, liebe Else, doch nun, nachdem ich ihn mehrmals durchgelesen habe, ist mir aufgefallen, daß Du mich nicht mehr »dreckiges«, sondern »altes« Arschloch nennst. Weshalb? Weil Du in mir unbewußt den »Alten«, d. h. Deinen Vater siehst, den Mann also, dem Du Dich zwar nicht hingeben, in dessen Gegenwart Du jedoch immer Kind bleiben kannst. Else, ich bin nicht Dein Vater, ich bin Dein Peter, und je eher Du diese Tatsache akzeptierst, desto eher wirst Du auch begreifen, daß Du kein Kind mehr bist, sondern ein erwachsener Mensch, der freilich ...

Wenn ich nochmal so einen verwichsten Brief von Dir bekomme, trete ich Dir derart in die Eier, daß Du Dich selber nicht mehr kennst.

Else, Dein letzter Brief hat mich sehr froh gemacht. Du nennst meinen Brief, auf den Du Dich in Deinem Brief beziehst, »verwichst«. Ja, er war verwichst — in dem Sinne, daß er Dir helfen soll, daß Du wächst, innerlich, daß Du lernst, Dich zu Dir selbst und Deinen Gefühlen zu mir zu bekennen. Ich umarme Dich und ...

Du und Deine Gefühle sind mir kackpipischnurz. Von mir aus kannst Du Dich ins Knie ficken, nur hör endlich auf, mich mit Deinem Wischiwaschi zu belämmern.

Else, wann wirst Du es endlich lernen, Dich klar auszudrücken? »Kackpipischnurz« — das mußtest du sagen, da Deine — unsere — Sozialisation es Dir — uns — nicht erlaubt, angstfrei zu Deinen — unseren — Gefühlen zu stehen. Mit Brechungen und Ironien versuchen wir, unsere Triebwelt zu kanalisieren, anstatt uns zu unseren Bedürfnissen zu bekennen. Stutzig machte mich freilich Deine Formulierung »belämmern«. Wenn Du in mir, unbewußt, Deinen Vater siehst, hättest Du eigentlich »behammeln« schreiben müssen. Oder willst Du mich jetzt ins Kindchenschema drängen? Das, Else, wäre nur eine andere Form der Vermeidung, Dich zu mir zu bekennen. Ich bin weder Dein Vater noch Dein Kind, ich bin Dein Peter, der . . .

Halt bloß den Rand, blöder Scheich. Saubären wie Dich sollte man einzeln in ihrer Scheiße ersaufen lassen.

Else, endlich! Endlich wagst Du es, einige der Aggressionen gegen mich rauszulassen, die sich notwendigerweise in Dir im Verlaufe unerer Beziehung hatten ansammeln müssen. Je intensiver die nämlich wurde, desto angstbesetzter mußte sie für Dich werden, da sie den Kontext Deines gewohnten Lebens zu zerstören drohte. Aber das Alte muß erst zerstört werden, damit Neues entstehen kann. Darum bekenne Dich ruhig zu Deiner Angst, zu Deinen Aggressionen! Doch etwas anderes — Du sprichst von »ersaufen«, und ein Freund hat mir gerade aus Griechenland einen erstklassigen Retsina mitgebracht. Wollen wir nicht Deine Probleme bei mir und einem oder zwei Gläschen . . .

Deinen Retsina kannst Du Dir achtkantig in den Arsch rammen. Ich muß schon kotzen, wenn ich solche bescheuerten Anträge nur lese. Noch so eine beknackte Zumutung, und Du kannst was erleben.

Liebes, Du mißverstehst mich. »Erleben«, schreibst Du — als ob ich in Dir ein flüchtiges »Abenteuer« sehen würde. Freilich — ich bin in dem Sinne möglicherweise altmodisch, daß ich mir eine Paarbeziehung nicht ohne körperlichen Partnerbezug vorstellen kann, wobei allerdings die Zärtlichkeit immer im Vordergrund stehen sollte. Liebe — das ist nicht nur Sex, sondern viel, viel mehr, und Du würdest an meiner Seite rasch lernen . . .

Wenn Du wüßtest, wie Du mich anödest, dann würdest Du Dir endlich einen Knoten in Deinen Schwanz machen, anstatt weiterhin Frauen wie mich mit Deinen Schleimereien zu behelligen.

Ja, Else, Du bist auf dem richtigen Weg. Dein Frausein beschäftigt Dich. Noch wagst Du es nicht, »eine Frau wie ich« zu sagen, noch verbirgst Du Dich hinter dem schützenden Plural »Frauen wie mich«, doch der Schritt zum — auch — geschlechtsbetonten »Ich« ist getan, und nur dieser identitätsbildende Schritt kann jenen zweiten ebenso wichtigen nach sich ziehen, den zum Du, der . . .

Zum allerletzten Mal: verpiß Dich!

»Verpiß Dich«, schreibst Du mit jener heiteren Unbefangenheit, die seit jeher das Vorrecht der Jugend war. Wie ich Dich verstehe! Als wir 68 auf die Straße gingen, da taten wir es auch und gerade, um Menschen wie Dir die Möglichkeit zu geben, autonom und selbstverantwortlich ihre Interessen wahrzunehmen, nicht nur auf ökonomischem und politischem Gebiet, sondern auch auf dem der ureigensten Gefühle. Denn glaub mir, es gibt in unserer Gesellschaft kein »Privatleben«, alles Private ist zugleich . . .

Sag mal, wann findest Du Kackspecht endlich jemanden, der Dich durchzieht, daß die Heide weint, damit Du ein für alle Mal aufhörst, Deine beschissene Schwanzgeilheit an mir auszulassen.

Else, am Ende Deines sehr aufrichtigen und lieben Briefes sagst Du etwas, das mir zeigte, daß bei allen zwischen uns notwendigerweise noch bestehenden Differenzen — die geschlechtsspezifischen Rollenschemata etwa — doch ein grundlegender Konsens durchschimmert. Da sagst Du nämlich, daß »die Heide weint«. Else, seit Jahren verfolge ich die Zerstörung unserer Umwelt mit Sorge. Schon hat das Verschwinden größerer Feuchtzonen ehemalige Vögelparadiese unwiederbringlich ausgelöscht, schon — aber beim Durchlesen der eben geschriebenen Zeilen fällt mir der Freudsche Verschreiber »Vögelparadiese« (statt »Vogelparadiese«) auf. Else, sieh diesen Lapsus nicht als gegen Dich gerichtete obszöne Aggression, sondern als legitimes, ja belustigendes Ans-Licht-Treten jener Triebstrukturen, die nun mal unser — auch Dein! — Menschsein ausmachen und die Du möglicherweise verleugnen, nicht jedoch . . .

Dreckiges Arschloch! Wenn Du mich nicht umgehend in Ruhe läßt, werde ich Dir mal in echt meine Meinung blasen.

Dein letzter Brief klang zurückhaltender als sonst, doch nach mehrmaliger Lektüre fiel mir auf, daß Du mich nicht mehr »altes« sondern »dreckiges« Arschloch nennst. Das machte mich sehr froh. Nicht mehr den vermeintlichen Vater lehnst Du, unbewußt, in meiner Person ab, nun identifizierst Du mich in einer ebenso logischen wie leicht erklärbaren Regression mit dem, was unsere christlich-puritanische Kultur seit jeher in der — zumal körperlichen — Liebe sah: mit dem Schmutz. Else, ich bin aber nicht schmutzig, ich bin Dein Putzi, und je eher Du das begreifst . . .

(1979)

Raddatzong, Raddatzong

Die Nummer 42 der Wochenschrift ›Die Zeit‹ bescherte ihren Lesern ein vier Seiten langes ›Zeit-Dossier‹. Sein Titel: ›Wir werden weiterdichten, wenn alles in Scherben fällt . . .‹ Sein Verfasser: ›Zeit‹-Feuilletonchef Fritz J. Raddatz. Sein Thema: ›Der Beginn der deutschen Nachkriegsliteratur‹. Seine Folgen: eine Erwiderung von Marcel Reich-Ranicki in der FAZ, ›Verleumdung statt Aufklärung‹, und eine Glosse von Fritz J. Raddatz in der Nummer 44 der ›Zeit‹, in der er behauptet:
Ein Zeit-Dossier zur deutschen Nachkriegsliteratur erregte Aufsehen.

Aufsehen? Bei mir erregte es Hinsehen, und je länger ich hinsah, desto erregter wurde ich. Raddatz schrieb über die deutsche Nachkriegsliteratur, das stand zweifelsfrei fest. Doch in welcher Sprache tat er das? In Deutsch? In Deitsch?
In einem langen Gespräch kommt er (Böll) zu dem Schluß, daß allenfalls das Materialangebot der Kriegs- und Nachkriegsliteratur sich unterschiede . . .

Zwar heißt das Verb »unterscheiden«, der Konjunktiv Präsens also »unterscheide«, aber Unterschiede müssen sein, einigen wir uns also auf » . . . sich unterschieden würde«.
Kaum Atem geschöpft, fanden sich die deutschen Schriftsteller abermals in Atemnot.

Kaum Nebensatz geschrieben, hätte Raddatz eigentlich merken müssen, daß ihm was fehlt. Aber was? Vielleicht ein Subjekt?
. . . aber eine vollkommene Desintegration mit dem eigenen Staatswesen verrät das ›Manifest für den Spiegel‹ des Jahres 1963.

Wenn jemand sich integriert oder integriert wird, dann »in« etwas. Und wenn er sich desintegriert? »Aus« etwas? »Von« etwas? Ach, warum eigentlich nicht »mit« etwas; als wir seinerzeit, 1962, zur Anti-Strauß-Pro-Spiegel-Demo gingen, fragte da nicht gar mancher den Nachbarn: »Sag mal, fühlst du dich auch so mit dem eigenen Staatswesen desintegriert?« Ja, so fragte er. Oder doch so ähnlich.

Aufregend sind auch einige Wortfindungen des Fritz J. Raddatz:
Wie bald begann Resignation, gar Erbitternis?

Sobald sich meine erste Verwirrnis gelegt hatte, fand ich das Wort gar nicht so schlecht. Bei dem folgenden Beispiel allerdings kann man geteilter Meinnis sein:
Nun bleibt das (das Teilung Deutschlands, R. G.) nicht Skizze. Es frißt sich ein in den Leib der Literatur. Und die reagiert seismographisch empfindlich; Hoffnung zersiebt.

Zersiebt? Nicht »versiegt«? Oder »zerstiebt«? Oder gar »zerstäubt«?

Eben nicht. Raddatz packt sie alle in seine Neuschöpfung, und schon ist jeder Sinn zersoben.

Trotzdem: Nicht Grammatikschnitzer und Neologismen, so unterhaltsam sie auch sind, machen die Raddatz-Lektüre so erregend, beide sind lediglich die Folge der aufsehenerregenden neuen Methode, deren sich Raddatz beim Verfertigen seines Textes bedient. Er bricht mit der alten Skribentenregel »Erst denken, dann schreiben«. Er schreibt erst, dann denkt er: »Wozu den Schamott nochmal durchlesen, ich ahne eh, was drinsteht« — und schon können wieder, Raddatzong, Raddatzong, vier ›Zeit‹-Seiten vollgedruckt werden.
Es ist natürlich ein sehr bewußter Vorgang, wenn Alfred Andersch seine Wiederentdeckung Thomas Manns, dem von links wie rechts Geschmähten, als dem Politiker widmet und in seiner Studie . . .

Es ist natürlich ein sehr erregender Vorgang, anhand eines solchen Satzes miterleben zu können, wie sich in Raddatz' Kopf alle möglichen Einfälle kreuzen, um schließlich zu schierer Unverständlichkeit zu gerinnen. Einerseits will er sagen: Es ist ein sehr bezeichnender Vorgang, daß Andersch nach dem Kriege Thomas Mann *als* Politiker wiederentdeckt (und nicht, was nahegelegen hätte, als Romancier). Andererseits möchte er sagen: Ganz bewußt hat Andersch seine Studie *dem* Politiker Thomas Mann gewidmet (und nicht dem Romancier). Das Ergebnis dieser Will-sagen/Möchte-sagen-Kopulation aber sind die Bankerte »sehr bewußter Vorgang« und »als dem Politiker«.

Das meint wohl Martin Walser, wenn er Weyrauchs Arbeit als eine des »Präsens« charakterisiert – also ohne Kausalitäten zu analysieren.

Raddatz will sagen: also als Arbeit, die keine Kausalitäten analysiert; er möchte sagen: womit Walser meint, Weyrauch schreibe, ohne Kausalitäten zu analysieren – flugs stopft er all das in seinen Nebensatz, und schon hat er den Leser so weit, daß der annehmen muß, Walser analysiere keine Kausalitäten. Ausgerechnet Walser. Wo gerade der doch immer die Kausalitäten analysiert.

Darauf reagiert Literatur. Dieses Verhältnis, das ein Mißverhältnis zu nennen Beschönigung wäre, des deutschen Staates zu seinen Schriftstellern richtete allerlei an. Man mache sich nichts vor: bis in den zerbrechlichen Bau von Gedichten . . .

Nein, ich mach mir nix vor. Diese Achtung, die eine Mißachtung zu nennen Beschönigung wäre, des Fritz J»rammatikschänder« Raddatz gegenüber seinen Lesern richtet in der Tat einiges an: bis in den zerbrechlichen Bau von Großhirnen. Schließlich ist er nicht irgendwer, sondern, doch, das ist er, Feuilletonchef der angesehensten deutschen Wochenzeitung. Sollte man nicht gerade von ihm einen ganz besonders verantwortungsvollen, ja geradezu vorbildlichen Umgang mit dem Wort erwarten dürfen? Ja Kuchen! Er hat es freilich schwer, klaren Kopf zu behalten:

Die alten und neuen Erfahrungen stürzen ineinander, die neuen Einflüsse stürzen übereinander; Heinrich Böll erzählt, wie das gleichsam übereinanderpolterte – Camus und Hemingway, Proust, Kafka . . .

So ging es, laut Raddatz, in der deutschen Nachkriegsliteratur zu. Schrecklich, dieser Lärm. Ähnliche Vorgänge jedoch scheinen sich auch in Raddatz selber abzuspielen, sobald er sich ans Schreiben macht. Daher mein Rat fürs nächste Dossier: Erst mal die alten und neuen Erfahrungen ineinanderstürzen lassen, Schnäpschen trinken, abwarten, bis die neuen Einflüsse übereinandergestürzt sind, liegen lassen, tritt sich fest, poltert es? Jaa, das ist gut, schön poltern lassen, noch ein Schnäpschen trinken und dann ab in die Heia. Und erst am nächsten Morgen mit frohem Mut und frischem Sinn an den Schreibtisch treten und — neien! Nicht gleich mit dem Schreiben anfangen. Erstmal — ja was wohl? Dreimal dürfen Sie nachdenken.

(1979)

Kurze Einführung in die Islam-Astrologie

Das Wiedererstarken des Islam, das die westliche Welt so sehr in Erstaunen versetzt, kommt für den Kenner der Verhältnisse kaum überraschend. Schon vor drei Monaten gab mir im Stadtzentrum von Istanbul ein merkwürdig geformtes Gebäude zu denken, das die Eingeborenen als »Moschee« bezeichneten. »Ei, dahinter steckt doch was!« dachte ich bei mir, ging der Sache nach und bin ab heute in der Lage, Euch, liebe Leser, in die geheimnisvolle Welt jener östlichen Religion einzuführen, ohne deren Kenntnis wir gar nicht wüßten, daß es sie gibt.

Der *Islam* zählt zu den monotheistischen Weltreligionen, was so viel heißt, daß pro Gläubigen und Nase nur ein Gott entfällt, wer noch einen haben will, muß ihn bei seinem zuständigen *Mullah* beantragen, wird jedoch meist handabschlägig beschieden.

Als Begründer des Islam wird in Arabern nahesitzenden Kreisen gern der *Prophet Mohammed* angesehen, der seinerzeit von seinem Gott *Allah* den Auftrag erhielt, er solle bitteschön von Mekka nach *Medina* flüchten, was jener denn auch fast in der Traumzeit von Dingskommadoll geschafft hätte, wäre er nicht kurz vor Medina noch in Ben Wischs Pilsstübchen eingekehrt, wodurch er fast 'n Monat beim *Ramadan*, einer arabischen Version des Doppelbock, verlor und sich grade, grade noch plazieren konnte. Daraufhin erließ Allah ein strenges *Alkoholverbot* sowie eine *Zeitrechnung*, beide sind heute für alle *Mohammedaner* verbindlich. Eine Ausnahme macht nur die *Sekte* der Prositen, die an einen Übermittlungsfehler glaubt und steif und fest behauptet, Allah habe eigentlich eine neue Alkoholrechnung und ein strenges Zeitverbot erlassen wollen. Aus diesem Grunde erkennen sie weder Striche auf dem Bierdeckel noch den Lokalschluß an und gehören heute zu den gefürchtetsten Kneipenhockern östlich von *Suez*. Doch von den Sekten wird weiter hinten noch ausführlicher die Rede sein.

Die bereits erwähnten sowie andere Gebote und Verbote Allahs faßte Mohammed im *Koran* zusammen, den jeder gläubige Mohammedaner auf dem Kopf tragen muß. Einige Gebote wie »Rechts vor links«, »Rübe runter« und »Deine Frauen sollst du hauen, eh sie dir den Tag versauen« sind auch dem westlichen Kulturkreis vertraut, andere jedoch atmen einen eher *orientalischen* Geist. Dazu gehört die Vorschrift, *Teppiche* anzubeten, nicht in tote *Schweine* zu beißen und wenigstens einmal im Leben nach Mecklenburg zu pilgern.

Wer sich dieser Mühe unterzieht, darf sich nach der ersten Pilgerfahrt *Hadschi* nennen, nach der zweiten Hadschi Halef, nach der dritten Hadschi Halef Omar und nach der vierten Kara Ben Nemsi. Außerdem ist der Koran in *Suren* unterteilt, Paragraphen also, da »Sur« Paragraph und »en« en bedeutet. In ihnen wird die Weltanschauung des Islam, der *Fanatismus*, gepredigt sowie die *sexuelle Freizügigkeit*. Freilich hat auch die ihre Grenzen: Der Koran erlaubt es zwar dem Mann, beliebig viele Haare zu haben, er verpflichtet ihn jedoch auch dazu, sie immer in Richtung Mekka zu kämmen. Durch diese Gleichmacherei verliert der Araber sein *Zeitgefühl* und bekommt in westlichen Augen etwas erschreckend *Semitisches*.

Schon zu Mohammeds Zeiten verbreitete sich der Glaube des Propheten bis weit hinter den Vorderen Orient; im Jahre 850 standen die mohammedanischen *Glaubenskrieger* bereits am abendländischen Grenzübergang Herleshausen, wurden jedoch wegen abgelaufener Reisepässe zurückgewiesen. In der Folgezeit konzentrierte sich der Islam daher mehr auf die *arabische Welt*, dort kam es zu einer *Kulturblüte*, der die Menschheit so wichtige Erfindungen wie die *Algebra*, die *Alhambra* und die Allgemeine Ortskrankenkasse verdankt. Der Zerfall in mehrere untereinander konkurrierende Sekten beendete diese Glanzzeit; die wichtigsten dieser Sekten sind die *Sunniten*, die sich von Mohammeds Kater Olaf und seiner Devise »Mehr Mäuse« herleiten, die *Schiiten*, die mit Mohammeds Enkel Schnürs glauben, die Erde sei ein Halbschuh, und die Kaltmieten, die — aber kommen wir endlich zur Neuzeit.

Denn das, was sich heute in der *islamischen Welt* abspielt, geht uns alle an. Es kann uns nicht gleichgültig lassen, wenn der *Imam* von Haiderabbaz die Straße von *Hormuz* zur Wasserstraße erklärt und die Ausfuhr von Ölteppichen verbietet. Es betrifft auch uns, wenn die Anhänger des *Mahdi* Rudi mit dem

Ruf »Allah il Allah« die *Akbar* von Mekka stürmen und einen doppelten Ak sowie ein Täßchen *Kaaba* verlangen, widrigenfalls sie *Fez* machen würden. Es geht uns alle an, wer sich in Persien durchsetzt: der *Ajatollah* Alfred, der den traditionalistischen Flügel des traditionell progressistischen Kreises der Mullahs um den *Derwisch* Harald al Raschid verkörpert, oder der Ajatollah Schariat Madari, der den Fundamentalisten rund um das Wasserhäuschen der *Medresse* von *Isfahan* zugerechnet wird. Und dürfen wir — angesichts der Bargeldkrise in weiten Kreisen unseres Portemonnaies — tatenlos zusehen, wie der Ajatollah Hadyadullah von der Supermacht Amerika die umgehende Ernennung zum *Kalif* von Kalifornien fordert — wovor der Orientexperte Peter Ben Rühmkorf übrigens schon mit 17 Jahren warnte?

Freilich — auch der Westen trägt ein gerüttelt Maß Schuld an dieser Entwicklung. Er hat es versäumt, den Islam, solange es noch Zeit war, zu verbieten. Nun erhält er die Quittung: fanatisierte *Muezzins* schicken sich an, unter der Leitung weltfremder *Eunuchen* die Uhren der *Minarette* um Jahrtausende zurückzudrehen, während, was fast noch schlimmer ist, westliche Korrespondenten all diese Vorgänge mit unablässigem Geplappa und Ge*mekka* begleiten.

(1980)

Volk ohne Öl

EIN ZEITROMAN IN FORTSETZUNGEN

WAS BISHER GESCHAH: *Der Aufruf der CDU-Politiker Dregger und Wörner, Deutschland müsse sich notfalls mit der Waffe für seine Öl-Interessen am Persischen Golf einsetzen, zeitigt Folgen. Rund um Schulenburg, einen Ritterkreuzträger aus dem 2. Weltkrieg, hat sich das Freikorps Wörner geschart, sieben Männer, die auf eigene Faust von Fulda aus aufgebrochen sind, um dem deutschen Volk wenigstens eine der lebenswichtigen Ölquellen zu erobern. Ihr Ziel sind die Ölfelder von Sham an der Straße von Hormuz. Um zum Golf zu gelangen, müssen sie die von Nomaden wimmelnde Wüste von Jiwa durchqueren . . .*

Wir hatten bereits zur Nachtzeit die Zelte abgebrochen und die Kamele gesattelt.

»Dürfte verdammt heiß werden heute«, hatte Schulenburg in seiner knappen Art gesagt, und dann waren wir losgeritten: der grüblerische Roenninghoff, Merkel, der ehemalige Pazifist, der Berliner Sprüchereißer Gnitschke, die unzertrennlichen Brüder Meyer, Meyer Eins und Meyer Zwo, wie Gnitschke sie zu titulieren pflegte, Schulenburg und ich. Und noch ein achter war da, Omar, das arabische Faktotum, dessen durch diverse Lücken verzierte Zahnreihen nun im Licht des untergehenden Mondes schimmerten, als er sein unvermeidliches, bewunderndes »Deutsch gutt« ausrief. Seit Roenninghoff ihm vor zwei Wochen in der Oase Ahwab einen vereiterten Dorn aus dem verlängerten Rücken gezogen und ihm einen der von den Arabern so sehnlichst begehrten Bubble-Gums geschenkt hatte, war der braune Geselle nicht mehr von seiner Seite gewichen, und Roenninghoff hatte ihn gewähren lassen.

Und jetzt ritten wir wieder. Ritten, wie wir es schon seit Wochen getan hatten. Oder waren es bereits Monate? »Fulda!« dachte ich, und für einen Moment huschte eine Erinnerung durch mein Hirn . . . Wie uns der Oberbürgermeister Dregger während einer geheimgehaltenen Weihnachtsfeier die Hand gedrückt und wie Wörner jedem von uns einen geweihten Ölkanister um den Hals gehängt hatte . . . »Was immer ihr tun müßt«, hatte er noch gesagt, »denkt daran, daß ihr es für Deutschland tut.« Deutschland! Aber für welches Deutschland ritten und litten wir hier? Für das Deutschland der Entspannungsphantasten und Alternativ-Energieler etwa? Für jenes Deutschland, das nichts von uns wissen durfte und wollte? Lohnte es sich dafür überhaupt . . .

»Na, Gernhardt — leiden Sie mal wieder unter ideologischen Bauchschmerzen?«

Schulenburgs spöttische Stimme riß mich aus meinen Grübeleien.

»Schätze, wir kriegen Besuch . . .«, fügte er überraschend ernst hinzu und zeigte auf eine Staubwolke, die nun rasch näherkam.

»Sieht wie Nomaden aus«, bemerkte Roenninghoff.

»Nomädchen wären mir lieber«, frotzelte der unverwüstliche Gnitschke.

»Scheinen in friedlicher Absicht zu kommen«, riefen Meyer Eins und Meyer Zwo wie aus einem Munde, und schon wollte ich die obligaten Bubble-Gums aus der Geschenktasche holen, als sich Schulenburgs Augen plötzlich verengten.

»Absitzen!« schrie er gepreßt und »Feuer frei!«

Und dann geht alles sehr schnell. Unsere MGs beginnen zu reden, mitten in das »Salaam« des Nomadenführers hinein. Sein Burnus ist auf einmal eine rote, blutige Masse, unendlich langsam, so kommt es mir vor, gleitet er vom Sattel seines Reitkamels, dann fällt er wimmernd in den Wüstensand, umgeben von sich hastig ergebenden Nomaden.

»Schulenburg!« schreie ich. »Sie kamen als Freunde — warum . . .«

Doch Schulenburg ist bereits über dem stöhnenden Anführer. Reißt seinen Bart ab. Ein Milchgesicht kommt zum Vorschein. Reißt seinen Burnus auf. Zwei Brüste quellen hervor. Wischt ihm wie rasend die braune Schminke vom Gesicht. Kalmückenhaft geschlitzte, brechende Augen blicken uns an.

»Politkommissarin Traptzşeva«, sagt Schulenburg hart. »Kenne sie noch von Minsk her, als sie unsere braven Ukrainer gegen uns aufwiegelte. Traf sie dann an der FU wieder, wo sie unter dem falschen Namen Rabehl die Anti-Vietnam-Demonstrationen organisierte. Wußte, daß sie seit geraumer Zeit im Mittleren Osten die Araber gegen unsere Energieversorgung aufhetzen sollte . . .« Er pfeift durch die Zähne. »Und schauen Sie sich mal diese niedliche Empfangsüberraschung an!« Er deutet auf die Handgranate, die die Liegende noch fest umklammert hält. »Sie oder wir!« Er wendet sich kalt ab.

Und auf einmal schnattern die Nomaden alle aufgeregt durcheinander . . . Der seltsame »Anführer« habe sich bei ihnen vor zwei Wochen als Mullah vorgestellt, der sie im Auftrage des Ayatollah Khomeini in den heiligen Krieg gegen die »Alemannis« führen sollte . . . Sie seien ihm blindlings gefolgt . . .

»Ayatollah Khomeini!« Schulenburg lacht knapp auf. »Ihr meint wohl Alexejewitsch Kominski — wie sein richtiger Name lautet. Hatte bereits die Ehre mit ihm, als er noch Folterchef im berüchtigten Tscheka-Gefängnis . . .« Doch da verstummt er abrupt, wirft einen letzten Blick auf den Leichnam, und plötzlich sehe ich, wie eine Träne sich zögernd auf seine gebräunte Haut hinaustastet.

»Aufgesessen!« schreit er gepreßt.

Und wir reiten weiter.

Am Abend kampieren wir bereits am Persischen Golf. Merkel hatte das Meer als erster gesehen. »Da!« hatte er geschrien, »Wou? Wou?« hatten Meyer Eins und Meyer Zwo, die unverbesserlichen Ostfriesen, gebrüllt, und »Bellt hier nicht so rum!« hatte Gnitschke dröhnend gelacht. Doch nun waren die Zelte aufgeschlagen, über einem munteren Feuerchen verbreitete ein Kessel Erbsensuppe heimatliche Düfte, und langsam versammelte sich das Freikorps Wörner in Erwartung des Abendessens um die mit Recht so geschätzte Atzung. Nur Schulenburg fehlte. Saß wohl noch über seinen Aufmarschplänen.

»Wat denn, wat denn — wir sind doch hier nicht bei der Firma Drängelmann und Söhne!« Das war Gnitschke, dem traditionsgemäß die Suppenausgabe oblag. »Is doch für jeden wat da!«

Und bald hatte denn auch jeder sein randvoll gefülltes Kochgeschirr vor sich. Wir aßen schweigend und blickten nur kurz auf, wenn Gnitschke sein obligates »Jefräßige Stille« und Omar sein näselndes »Deutsch gutt« ausstieß.

Und dann starrten wir noch eine Weile sinnend in das Feuer. »Zu Hause feiern sie jetzt Ostern . . .«, sagte Roenninghoff nachdenklich, und auf einmal griff Meyer Zwo zu seiner Mundharmonika. »Es ist ein Has' entsprungen . . .«, sehnsüchtig klang das alte deutsche Osterlied über den dunklen Persischen Golf, und nach und nach fielen wir alle ein: » . . . aus einer Wurzel zart . . .«

Doch dann war, wie eine Erscheinung, Schulenburgs schmale Gestalt aus der Dunkelheit in unseren Kreis getreten.

»In die Schlafsäcke, Leute! Morgen wird ein heißer Tag! Gnitschke und Gernhardt beginnen mit der Zeltwache, die Ablösung erfolgt wie gewohnt. Gute Nacht!«

Gnitschke hatte es sich auf seinem Rucksack bequem gemacht, ich stand gegen den Stamm einer Palme gelehnt.

»Du, Gernhardt . . .«

»Ja?«

»Manchmal frage ich mich . . .«

Ich ahnte die Frage, die kommen würde. Hatte sie mir ja selbst oft genug gestellt in den letzten Wochen . . .

» . . . is det nich doch ein Wahnsinn, wat wir hier machen? Öl! Öl! Jibt et denn nicht Wichtijeres als Öl?«

Ich versuchte meine Stimme fest erscheinen zu lassen.

»Schau, Gnitschke — eine Volkswirtschaft ist wie der menschliche Körper. Und so ein Körper braucht Luft . . .«

»Braucht er, klar!« bestätigte Gnitschke.

» . . . und wenn dir nun einer die Hände um die Kehle legt, um dir die Luft abzudrehen . . .«

»Mann — der Kerl, der könnte wat erleben!« polterte es aus Gnitschke, »dem würd' ick . . .«

»Öl«, fahre ich fort, »ist die Luft unserer Volkswirtschaft. Deshalb sind wir hier. Damit Deutschland atmen kann. Und Deutschland muß atmen können, Deutschland ist . . .«, ich suche nach einfachen Worten, doch zu meiner Überraschung fällt mir Gnitschke ins Wort, Gnitschke, der Unstudierte, Gnitschke, das Berliner Schandmaul: »Deutschland is die Lunge det freien Westens. Und wenn die nich mehr funzionalisiert — oder wie det heißt, der olle Gnitschke kennt sich da nich so

aus — denn . . .« Und er macht die Bewegung des Hals-
abschneidens.

Ich nicke und drücke ihm die Hand.

»Aba«, fährt er fort, »warum wissen det nur so wenije?
Warum sind wa hier nur sieben und nicht siebzigtausend Mann?
Warum schweigt die Heimat — außer Dregger, Wörner und ein
paar anderen Durchblickern? Warum . . .«

Ein Geräusch läßt uns herumfahren. Hinter uns steht Schulenburg. »Schlaf dich mal aus, Gnitschke. Ich übernehme deine
Wache.«

»Aba . . .«

»Nichts aber! Bist ein feiner Kerl, Gnitschke! Und nun hau
dich in die Falle!«

»Ja, wenn det ein Befehl is . . .«

»Ist ein Befehl!«

Und Gnitschke zieht ab. Schmunzelnd schauen wir ihm nach.

Wir hatten schon eine Weile schweigend nebeneinandergestan-
den, als Schulenburg plötzlich zu reden begann: »Scheiß Ölkrieg!«

Überrascht blicke ich ihn an. Habe ich richtig gehört?

»Scheiß Ölkrieg, werden sie in der Heimat sagen und uns
fallen lassen wie eine heiße Kartoffel, falls irgendwas schief-
geht, die Herren Politiker. Mit dem Völkerrecht werden sie uns
kommen. Uns der Aggression gegen die Araber beschuldigen.
Als ob die Araber ein Volk wären! Es sind prächtige Kerle —
aber wie Kinder. Geben Sie dem Araber eine Handvoll Kamel-
mist und einen Bubble-Gum, und er wird den Tag selig kauend
unter einer Palme verbringen: Mañana — Gott will es so. Öl?
Der Araber braucht kein Öl. Der weiß nicht, was das heißt:
Heizölkosten. Benzinpreise. Zuwachsraten. Nein — wir kämpfen hier nicht gegen die Araber. Wir kämpfen hier gegen den,
gegen den wir uns schon immer zur Wehr setzen mußten. Den,
der uns 1940 den Zutritt zu den Ölfeldern von Baku verwehren
wollte, den, der uns 1945 die schlesischen Kohlegruben raubte,
den . . .«

» . . . ewigen Russen«, will ich ergänzen, doch Schulenburg
fällt mir ins Wort:

»Gernhardt, wissen Sie eigentlich, warum Merkel bei uns mitmacht? Er hat es mir mal erzählt: Es war 1976, an einem dieser verkehrsfreien Sonntage. Merkel lebte damals noch mit seiner alten, schwachen Mutter zusammen. Und die bat ihn, ihr eine Flasche Bier vom Kiosk an der Ecke zu holen, sie verdurste sonst glatt. Merkel wirft sich also in seinen Wagen, will zum Kiosk — doch er kommt nicht weit. Polizei hält ihn auf — Fahren ohne Sondergenehmigung. Na, und bis Merkel all diese Formalitäten hinter sich hat, bis er mit der Flasche Bier ins Zimmer seiner Mutter stürmt, da . . .« Er schluckt. ». . . da ist die alte Frau glatt verdurstet. Verdurstet, bloß weil am Persischen Golf irgendwo ein von Russen aufgehetzter Ölscheich uns den Ölhahn abgedreht hat . . . Ja — so wurde aus dem Pazifisten Merkel . . .«

» . . . ein ölbewußter Deutscher!« ergänze ich, und Schulenburg nickt.

In Gedanken verloren schauen wir über die Bucht, und plötzlich erblicke ich sie: winzig kleine Lichtpunkte am anderen Ufer.

»Die Ölfelder von Sham«, sagt Schulenburg, der meinem Blick gefolgt ist. »Morgen geht's ran. Ich hab' es den anderen verschwiegen. Sollten nochmal eine ruhige Nacht haben. Gilt übrigens auch für Sie, Gernhardt. Schlafen Sie — ich übernehme Ihre Wache!«

Sein Ton ist so bestimmt, daß ich keinen Protest wage. Zögernd wende ich mich zum Gehen, doch dann stelle ich sie noch, die Frage, die mich den ganzen Tag gequält hat . . .

»Schulenburg . . .«

»Ja?«

»Wieso haben Sie den vermeintlichen Nomadenführer eigentlich so ohne weiteres als Politkommissarin erkannt? Ich meine . . .«

Ich verstumme, und als Schulenburg antwortet, ist seine Stimme rauh.

»Gernhardt — wenn Sie mal älter sind, werden Sie es auch erfahren: Ein Mann wird eine Frau, die er einmal geliebt hat, überall und immer wiedererkennen können — in jeder Verkleidung dieser Welt. Doch nun gehen Sie endlich« — er stöhnt es fast — »schlafen Sie sich aus, Menschenskind! Deutschland braucht Öl, und wir erörtern hier Weibergeschichten!«

»Ja«, denke ich, als ich auf das Zelt zugehe, »Deutschland braucht Öl. Und morgen . . . Was mag der morgige Tag bringen?«

In der Ferne bellte ein Schakal, und alles Leid der Welt schien in diesem Bellen zu liegen . . .

(1980)

Das Quadrat und die Frauen

DIE NACHRICHT:

```
epz 180 191280 apr 80 vvvg
trf 112 ab
dpa (rg)

wissenschaftler des instituts fuer grundlagenforschung
in muenchen haben in reihenversuchen mit weiblichen
testpersonen herausgefunden, dass frauen keine quadrate
zeichnen koennen. eine erklaerung fuer diese bisher
unbekannte tatsache ...

-------
```

DIE KOMMENTARE:

Frankfurter Rundschau

Frauen, hört man, können keine Quadrate zeichnen. Ja und? Anstatt — wie es geschehen ist — schadenfroh auf diese Nachricht zu reagieren, sollten wir Männer uns doch lieber fragen, wohin wir es mit unserer Fähigkeit, Quadrate zu zeichnen, eigentlich gebracht haben. Haben wir diese uns allen anvertraute Erde in den Jahrtausenden, in denen ihre Geschicke vom Patriarchat gelenkt wurden, nicht an den Rand des Abgrunds geführt? Ist es nicht fünf vor zwölf? Strotzt der Erdball nicht von den schrecklichsten Vernichtungswaffen, die ohne die, allerdings männliche, Erfindung des Quadrats wohl kaum in dieser Perfektion hätten entwickelt werden können? Freilich — auch ein Straßburger Münster, ein Dürer, eine Hochrenaissance, alles erwiesenermaßen »Männer«-Leistungen — auch wenn diese Erkenntnis militanten Feministinnen nicht schmecken mag — basieren auf dem Vermögen des Mannes ...

Pflasterstrand
Stadtzeitung für Frankfurt

... in unserer Männergruppe jedenfalls hat die Nachricht, daß Frauen keine Quadrate zeichnen können, erst echt irritierend gewirkt. Dann aber hat Werner den Vorschlag gemacht, wir alle sollten doch mal angstfrei unsere geometrische Sozialisation einbringen, und da ist uns in sehr intensiven Gruppengesprächen klargeworden, wie sehr . . .

DIE ●WELT
UNABHÄNGIGE. TAGESZEITUNG FÜR DEUTSCHLAND

Der Wunschglaube nicht nur der Neurotiker und Chaotiker der linken Szene, sondern auch mancher sich »liberal« gebender Kreise, man könne die natürlich gewachsenen Unterschiede zwischen den Geschlechtern so einfach leugnen, hat durch die Wissenschaftler des ›Instituts für Grundlagenforschung‹ eine nur auf den ersten Blick amüsante Relativierung erfahren. Denn hinter der überraschenden Feststellung, daß Frauen keine Quadrate zeichnen können, steckt mehr als eine nur marginale Korrektur jener Weltverbesserungsutopien, die in den späten 6oer Jahren ihren Ausgang nahmen und auf geradem Weg in den Terrorismus führten. Zu Ende gedacht, bedeutet sie nicht mehr und nicht weniger als eine Bestätigung auch und gerade unserer Wirtschaftsordnung. Sie, die sich von Beginn an mit wachem Instinkt weigerte, unsere Damenwelt dem fruchtlosen Konkurrenzkampf mit den Männern — zumal im gehobenen Management — auszuliefern, darf heute von sich behaupten, die Zeichen der Natur . . .

Brigitte
Das Magazin für Frauen

. . . lassen wir also den Männern ihre Quadrate, und schauen wir uns die Frühjahrsmode auf S. 144—155 an. Kein Zweifel: Die Mode wird wieder normaler. Was wir in diesem Heft zeigen, wird sicher allen Frauen Appetit machen, denen die Trends des letzten Jahres zu schwer im Magen lagen. Was BRIGITTE anläßlich . . .

Während die bürgerliche Presse also wieder einmal in gewohnter Unverbindlichkeit die Tatsache verzeichnet, daß Frauen keine Quadrate zeichnen können, bleibt das »Warum« wohlweislich ausgespart. Wer hat denn die Frauen jahrtausendelang in die drei Ks — Kirche, Küche, Klappsarg — verbannt? Wer hat ihnen jahrhundertelang den Zutritt zu den Volkshochschulen verwehrt? In seinem gleichnamigen Drama läßt Goethe, auch er ein Mann, den Faust gleich Theologie, Juristerei und Medizin studieren, während das gleichnamige Gretchen weder saubere Reime artikulieren (»Ach neige du Schmerzensreiche«) geschweige denn Quadrate zeichnen kann.

Und hat sich daran etwas bis zu dem heutigen Tage geändert? Kann man denn von der unterbezahlten Fließbandarbeiterin, die nach getaner Arbeit ihre Familie zu bekochen hat, verlangen, daß sie sich anschließend noch hinsetzt und eine so schwierige Wissenschaft wie das Quadratezeichnen studiert? Fortschrittliche Frauen freilich wissen, daß sie nur im Bündnis mit den Massen eines Tages die Voraussetzungen dafür schaffen können, daß sie auch in der BRD Quadrate zeichnen lernen, etwas, was für die Frauen der Sowjetunion bereits heute . . .

Kompliment, meine Damen! Zwei Nachrichten. Zwei Welten.

Da haben Wissenschaftler herausbekommen, daß Frauen keine Quadrate zeichnen können. Typisch Mann.

Da hat Mutter Teresa den Friedensnobelpreis dafür bekommen, daß sie viele Jahre lang Inderkinder bemuttert hat. Typisch Frau.

Wir meinen: Forschung ist gut. Ohne Forschung kein Fortschritt. Liebe ist besser. Ohne Liebe kein Leben. Frauen kennen es noch, das Geheimnis, wie man Liebe gibt. Das ist wichtiger als alle Quadrate der Welt. Danke, Mutter Teresa!

DER SPIEGEL
DAS DEUTSCHE NACHRICHTEN-MAGAZIN

»Na denn Prostata!« hatte sie anläßlich des Bundespresseballes noch im Kreise schwofender Chauvinisten gescherzt, doch zwei Stunden später kehrte die alberne Alice (35) wieder die schwierige Schwarzer (37) hervor: »Unfug!« Stein des Anstoßes: die ärgerliche Erkenntnis des ›Instituts für Grundlagenforschung‹, daß Frauen keine Quadrate zeichnen können. Ereiferte sich die hochgemute Herausgeberin des eher engstirnigen Emanzenblattes: »Können sie doch!«

Freilich dürfte es der schwadronierenden »Schwanz-ab«-Schwarzer diesmal schwerfallen, die Erkenntnisse des Instituts allein durch verbale Kraftakte zu widerlegen. Stützen sie sich doch auf Untersuchungsmethoden, die kratzbürstiger Krittelei wenig Handhabe liefern: Ein repräsentativer Querschnitt von drei Frauen wurde — unabhängig voneinander — in einen schalltoten, lichtlosen Raum geführt und . . .

DIE🛡ZEIT

. . . in das fruchtlose Lamento all jener einzustimmen, die da mit Erwin Morgennatz meinen, »daß nicht sein kann, was nicht sein darf«. Wäre es nicht sinnvoller, die Erkenntnis des ›Instituts für Grundlagenforschung‹ nicht als Cannae, sondern als Rubikon des Feminismus zu werten? Eines, mit Montesquieu zu reden, »wohlverstandenen« Feminismus, der über den »astra« nicht vergißt, wie viele »aspera« der Mann im Laufe leidvoller Jahrtausende zu durchqueren hatte, bis er Quadrate zeichnen konnte?

So viel zumindest scheint festzustehen: Eine Frauenbewegung, die, entgegen wissenschaftlich gesicherten Fakten, weiterhin dem Prinzip des schieren Voluntarismus huldigt, wird ihre Anhängerinnen früher oder später in ein Valmy hineinführen, das sich als äußerst zweischneidige Medaille entpuppen könnte. Zumal in einer Welt, in der nur Realitätstüchtigkeit und Augenmaß eine Gewähr dafür bieten, daß dem über uns schwebenden »Hi Roschima« nicht ein schreckliches »Hi salta« folgt, welches dann freilich die Unterschiede zwischen Männern und Frauen in einer Weise nivellieren dürfte, die auch hartgesottenen Suffragetten . . .

Titanic

Liebe Leserinnen,

»Frauen können keine Quadrate zeichnen«, behauptet die Schnarchsackpresse im trauten Verein mit dem ›Institut für

Grundlagenforschung‹, und unsere Gewährsfrau Gaby erzählt uns, daß viele Frauen darüber oh so traurig seien. Unser Rat: Nicht weinen, Mädels! Ist doch gelogen! Frauen können nämlich sehr schöne Quadrate zeichnen, wenn sie sich nur etwas Mühe geben. Zumindest kann das unsere Textredakteurin Evamarie Czernatzke:

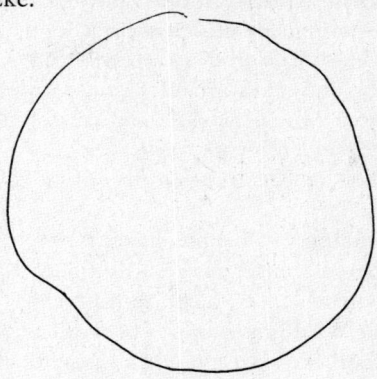

Also Kopf hoch, Schwestern! Alles klar?   Eure Titanic

(1980)

Nun brennt mal schön

Der alten Konferenzstadt Genf stehen große Tage bevor. Dort dürfen ab dem 10. April 1981 alle Staaten das neue Völkerrechtswerk der Vereinten Nationen über den Nichteinsatz bestimmter konventioneller Waffen unterschreiben. Hei, wird das ein Gedränge geben! Denn der Vertrag ist nicht irgendein Vertrag. Nach langjährigen Verhandlungen wurde er am 10. Oktober 1980 durch eine Konferenz der Vereinten Nationen verabschiedet und sieht folgendes vor:

1. Der Einsatz von Brandwaffen gegen die Zivilbevölkerung wird geächtet.
2. Die Verwendung von heimtückischen Sprengfallen und Geschossen, deren Splitter auf dem Röntgenschirm nicht sichtbar sind, wird ebenfalls nicht gern gesehen.

Im Sinne einer Würdigung dieses bemerkenswerten Vertragswerkes veröffentlichen wir ein nur unwesentlich gerafftes Protokoll der langjährigen Genfer Verhandlungen. Alle Zitate sind der Frankfurter Rundschau vom 11.10.1980 entnommen.

»Ein gewisser Schutz der Soldaten gegen solch grausame Waffen wie Napalm konnte nicht erzielt werden.«

A: Ich bin dafür, die Soldaten gegen Napalm zu schützen.
B: Warum?
A: Napalm hat so was Grausames. Dagegen ist ein ordentlicher Schuß in den Bauch eine saubere Sache.
C: Wer immer unsere tapferen Soldaten in den Bauch schießt, der kriegt Napalm auf den Kopp.
D: Meine Regierung war von Anfang an gegen das Verbot der Bauchschüsse. Und zwar aus humanitären Gründen. Auf irgendwas müssen unsere Männer doch schießen dürfen. Zugegeben, auf Menschen zu schießen, wäre Mord. Aber auf Bäuche . . .
PRÄSIDENT: Meine Herren, bleiben Sie beim Thema! Wie nun? Sollen die Soldaten einen gewissen Schutz gegen Napalm erhalten oder nicht?
A: Unsere ja.

B: Und unsere?

A: Eure nicht. Wie kommen wir denn dazu, eure Soldaten zu schützen?

B: Aha. Eure sollen also Schutz gegen Napalm bekommen. Und was bekommen unsere?

C: Napalm auf den Kopp.

D: Ich war mal in Napalm. Also diese Bergländer . . . Katmandu . . . herrliche Gegend. Aber von einem Krieg dort würde ich abraten. Zu steiles Gelände.

PRÄSIDENT: Zur Sache!

»Einige Länder hatten Vorschläge unterbreitet, wonach Kämpfer ohne feste Deckung oder Truppen, die sich mehr als 50 km vom Frontgeschehen entfernt befinden, nicht mit Brandwaffen angegriffen werden dürfen.«

A: Na gut. An der Front dürfen alle Soldaten verbrannt werden. Aber was ist mit Truppen, die sich mehr als 50 km vom Frontgeschehen entfernt befinden?

B: Die müssen zuallererst verbrannt werden, damit sie gar nicht erst zur Front kommen.

A: Aber, dann haben sie ja nichts mehr vom Krieg, wenn sie nicht mal mehr an die Front kommen.

C: Da müssen sie eben früher aufstehen, dann sind sie auch rechtzeitig an der Front und kriegen noch was mit.

D: Ich kriege überhaupt nichts mit. Was sind denn das für 50 Kilometer? Warum sollen die denn verboten werden?

»Diese Vorschläge wurden aber von der Mehrheit der Konferenzteilnehmer als eine zu weit gehende Einschränkung der Kriegsführung abgelehnt.«

B: Meine Herren! Eines in aller Deutlichkeit: Wenn das mit den 50 km durchgeht, dann führe ich keinen Krieg mehr. Mit keinem von Ihnen!

A: Wieso denn nicht?

C: Ooch schade!

D: Erpressung!

A: Nun seien Sie doch nicht gleich beleidigt!

B: Ich weiß doch, wie das läuft. Da rennen dann dauernd die Vermesser rum. Die einen sagen, der Napalmabwurf sei noch innerhalb der 50-km-Zone erfolgt, die anderen sagen außerhalb. Die Folge: Zank, Streit, Zerwürfnisse! Meine Herren, das machen meine Nerven nicht mit! Wenn ich einen Krieg führe, muß ich einen klaren Kopf behalten.

C: Genau. Und da kommt Napalm druff.

D: Meine Herren, ich als altes Frontschwein verrate Ihnen mal eines: 50 km hinter der Front befinden sich die Bordelle. Und ein wirkungsvoller Schutz der Bordelle scheint mir eine unabdingbare, humanitäre . . .

PRÄSIDENT: Bitte, bitte, bitte! Etwas mehr Konzentration! Wir müssen doch noch das Verbot der Kleinkalibermunition pipapo hinter uns bringen!

»Keine Fortschritte erzielt wurden hinsichtlich eines Verbots von Kleinkalibermunition, von Gas-Luft-Gemischen, deren Explosion eine mörderische Druckwelle erzeugt, sowie von Bomben, die Zehntausende von kleinen Pfeilen oder Kugeln verstreuen.«

A: Druckwellen kann man nicht verbieten! Ob sie drückt oder nicht, das überlassen Sie doch in Gottes Namen der Welle selber.

B: Und was ist eigentlich gegen kleine Pfeile zu sagen? Die Indianer haben große gehabt, und niemand hat's verboten.

D: Die Indianer sollte man verbieten, dieses tückische Volk! Die benutzen ja Blasrohre aus dem Hinterhalt.

C: Wirklich? Dafür kriegen sie Napalm auf den Kopp!

PRÄSIDENT: Also gut, abgelehnt. Und was ist mit Kleinkalibergewehren mit überdurchschnittlicher Verwundungswirkung?

A: Die sind ausgezeichnet! Zumindest die 5,6-mm-Sturmgewehre unserer Firma Heckler und Koch kann ich nur empfehlen. Keine glatten Durchschüsse, die Projektile überschlagen sich beim Eintritt in den Körper.

B: Ach was? Wie heißt die Firma?

A: Heckler und Koch.

D: Langsam, langsam. Sagen Sie's nochmal zum Mitschreiben.

A: H wie Hirnschäden, E wie Exitus . . .

PRÄSIDENT: Aber meine Herren! So kommen wir ja nie zum Landminen-Protokoll!

»Das Landminen-Protokoll verlangt von kriegführenden Parteien, daß sie genaue Pläne über vergrabene oder mittels Flugzeugen gelegte Minen anfertigen, damit die Sprengkörper nach Beendigung der aktiven Kampfhandlungen restlos entschärft und eingesammelt werden.«

B: Ich habe da schwere Bedenken. Das macht doch keinen Spaß! Ich meine, das Auslegen von Minen schon — aber das Einsammeln? Ich weiß nicht. Ich find das blöd, wenn man bei den Kriegsvorbereitungen schon daran denken soll, wer dann hinterher wieder aufräumen muß.

A: Aber Herr Kollege, das gilt doch alles nur für konventionelle Kriege.

C: Also wenn mich einer in überkommene Konventionen einzwängen will, noch dazu im Krieg, dann kriegt er Napalm auf den Kopp. Mindestens.

PRÄSIDENT: Ich stelle fest: Das Landminen-Protokoll ist angenommen. Letzter Punkt der Tagesordnung: die Booby-Traps.

»Geächtet wird der Einsatz gewisser Booby-Traps, wie Sprengkörper in Form von Kinderspielzeug oder Gebrauchsgegenständen genannt werden, die bei Berührung explodieren. Ebenfalls verboten werden Schrapnellgeschosse aus Kunststoff, die schwer aus dem Körper eines Verwundeten herausoperiert werden können, weil sie mit Röntgenstrahlen nicht zu orten sind. In der Praxis handelt es sich um eine eher vorbeugende Maßnahme, weil derartige Waffen noch nicht gebräuchlich sind.«

A: Ächten!

B: Sprengkörper in Form von Kinderspielzeug? Ächten!

D: Mal ne Frage: Unsere Waffen sehen doch alle aus wie Kinderspielzeug. Wollen wir die jetzt etwa alle ächten?

C: Nichts da! Das Spielzeug sieht aus wie unsere Waffen! Wir waren zuerst da!

D: Ui, ui, ui, da bin ich aber erleichtert.

A: Ja, und die Kunststoffschrapnells ... also die man noch nicht mal beim Röntgen sieht und die wir noch nicht mal haben, also diese ... äh ... Kunststoffschrapnells ... die man selbst beim Röntgen nicht sehen kann ... das wären natürlich tolle Verletzungen ... die ließen sich sicher elend schwer heilen ... wenn überhaupt ...

PRÄSIDENT: Was nun? Ächten oder nicht?

A: Naja, solange wir sie noch nicht haben ... ächten!

ALLE: Ächten!

»Der nach langjährigen Verhandlungen zustande gekommene Vertrag tritt sechs Monate nach seiner Ratifizierung durch zwanzig Staaten in Kraft.«

PRÄSIDENT: Herzlichen Dank, meine Herren Delegierten, das wär's dann ja wohl. Oder sind noch Fragen?

D: Mal gesetzt den Fall, einer von uns macht einen Krieg. Und bei diesem Krieg setze ich aus Vergeßlichkeit oder Zerstreutheit z. B. Brandbomben gegen die Zivilbevölkerung ein. Kann ich dafür irgendwie belangt werden?

PRÄSIDENT: Ich verstehe Ihre Frage nicht.

D: Ich meine, ob man mir daraus einen Strick drehen kann? So wie damals beim Nürnberger Prozeß, da wurden doch auch nach dem Krieg Militärs und Politiker ...

A: Ach so.

B: Ach was.

C: Ach Quatsch.

PRÄSIDENT: Aber mein Bester! Für diesen Fall haben wir doch vorgesorgt. Ganz blöd sind wir ja nun auch nicht.

»Der Vertrag enthält keinen Klagemechanismus für den Fall von Verstößen, sondern gründet auf dem Prinzip der Repressalie: Verbrennst du meine Zivilbevölkerung, verbrenne ich deine.«

(1980)

Vater, mein Vater!

Vater, mein Vater!
Ja, mein Sohn, was ist?
Vater, mein Vater!
Wie werde ich Rassist?

Nun — ein Rassist hält nichts von andern Rassen.
Du müßtest, beispielsweise, Neger hassen.

Den Neger? Nein, den haß' ich nicht,
den dummen schwarzen Mohr.
Ich haß' doch keinen Stinkemann,
wie komm ich mir da vor?

Nun gut, dann muß es eben anders gehen.
Wie ist's — willst du vielleicht Chinesen schmähen?

Den Chinamann? Den schmäh ich nicht!
Dies Schlitzaug gelb und feig
ist nicht mal wert, daß ich ihm keck
den blanken Hintern zeig!

Das lehnst du ab? Dann mußt du danach trachten,
zumindest den Indianer zu verachten.

Die Rothaut? Die veracht' ich nicht,
die ist kein Mensch wie wir,
die steckt sich Federn an den Kopf,
treibt's schlimmer als ein Tier.

Na schön. Doch wie hältst du es mit dem Weißen?
Willst du auf ihn und seinesgleichen scheißen?

Den Weißen? Auf den scheiß ich nicht,
er ist das Licht der Welt,
das die Kultur des Erdenballs
mit warmem Strahl erhellt!

Mein Sohn, ach mein Sohn!
Mein Vater, was ist?
Mein Sohn, ach mein Sohn,
du wirst nie ein Rassist!

Mein Vater, mein Vater,
warum werd ich keiner?
Ach Heiner, mein Kleiner,
du bist ja schon einer!

Ehrlich? Wie herrlich!

(1981)

Der Tag fängt gut an

Ah, du hast's gut, gut hast du's, sagen mir meine Freunde, wenn die Rede auf mich kommt. Freiberuflich! So gut möcht ich es auch mal haben! Morgens ordentlich ausschlafen, dann ausgedehnt im Café frühstücken — bist halt ein Glückspilz.

Ja, lüge ich zurück, bin ich. Soll ich ihnen etwa die Wahrheit erzählen? Sie durch alle sieben Kreise meiner Morgenhölle führen? Auf ihr »Nu mach mal'n Punkt« und »Hast du schon mal was von entfremdeter Arbeit gehört, du Arsch?« warten, um dann zu einem jener ebenso halbherzigen wie sinnlosen Rechtfertigungsversuche anzusetzen, die niemand hören will, am wenigsten ich selber?

Es glaubt mir ja doch niemand, wenn ich sage, daß auch ich leide. Auch ich? Vor allem ich! Die anderen gehen zur Arbeit, gut. Der Wahnsinn der Welt und die Zumutungen des Lebens stellen sich ihnen Morgen für Morgen unvermittelt und festumrissen in den Weg, stimmt. Aber sie haben es wenigstens mit richtigen Gegnern und benennbaren Feinden zu tun, mit Chefs, Kollegen, Kunden. Meine Feinde dagegen . . . Aber sind sie überhaupt *meine* Feinde? Meinen sie denn *mich*, wenn sie bereits am frühen Morgen ihre menschen- und naturverachtenden Kardinalgemeinheiten — ruhig, Robert, gaaanz ruhig.

Ich kann ausschlafen, richtig. Richtiger: ich könnte es, läutete nicht der Briefträger. Der aber läutet, um mir 16 Mark 35 für meine Mitwirkung an dem ›Mark-und-Bein‹-Sammelband sowie einen Brief zu überreichen. Einen Brief, oho! Vom Hans Holzmann Verlag, jawoll! An mich persönlich, auf Ehr! Und er schreibt, er schreibt, er schreibt . . . nur mühsam gewöhnen sich die Augen an die grell hereinbrechende Dummheit, er schreibt:
Unser Zeichen ste-sche-wo

Ach bliebe es doch bei dieser Mitteilung! Etwas geheimnisvoll Slawisches und maschinenhaft Vorwärtsstampfende schwingt in ihr mit, aber nein, nun geht der Unfug richtig lo
Sehr geehrter Herr Gernhardt,
Lernen? Nun denken Sie nur nicht gleich an Schule ode
etwas.

Tu ich doch gar nicht. Was faseln die da?

Wir beabsichtigen auch nicht, alles, was um uns herum zu Papier gebracht wird, zu bemäkeln, zu kritisieren.

Sehr nobel von den Herrschaften — aber warum müssen sie das ausgerechnet mir mitteilen?

Schon gar nicht schulmeisterisch mit erhobenem Zeigefinger.

Moment — heißt es nicht schulmeisterlich? Oder doch zumindest schulmeisterhaft? O Gott, es ist erst neun Uhr, der Abend war lang und arbeitsreich, nun bin ich dünnhäutig und sensibel, und schon zwingen mich wildfremde Leute, mir deren Kopf zu zerbrechen. Was wollen die überhaupt von mir?

»texten + schreiben« will vielmehr als prickelnd erquickender Sprachquell Ihren Schreiballtag erfrischen.

Schreiball — was'n das wieder für ein Spiel? Aber ich scherze, wo ich doch eigentlich aufschreien müßte:

Also Kurzweil im Lernlook? Richtig: Genau darum geht es »texten + schreiben«.

Wie dreist sie flunkern! Sie wollen mir eine Zeitschrift andrehen, darum geht es ihnen. Und dieses finstere Ziel läßt sie vor keiner Tollheit zurückschrecken:

Sprache lebt und ändert sich. »texten + schreiben« bleibt ihr auf den Fersen

und tritt der Wehrlosen wohl auch mal kräftig in die Weichteile, wenn sie schutzlos aus dem Sprachquell steigt und nach dem meisterisch geschnittenen Lernlook tastet — laß ab, Robert! Was hilft es dir, die Beleidigungen witzelnd zu paraphrasieren? Denn siehe, sie sind Legion, hack einer den Kopf ab, und sieben weitere werden nachwachsen:

Kommen Sie auf den Geschmack — Quark im Dreivierteltakt!

Wie bitte?

fenpalatschinken nach K. u. K.-Rezept 3 Mark 20.

so. Das Café ist leer und hell. Ich habe es erreicht, ohne rgendwo der Kopf runtergefallen wäre. Am Kiosk Morgenzeitungen, ich vermied es, die Schautafel der Apotheke zur Kenntnis zu nehmen, guckte

Was? Wer? Der da? Auf der Tafel ist ein schöner, nackter, durchsichtiger Herr abgebildet. Er blickt sinnend zu Boden, indes Pfeile auf diejenigen seiner Körperteile zeigen, die ihm untrüglich beweisen, daß die Zuckerkrankheit ihn befallen hat. Ihn? Er ist ja nur gemalt, ich aber bin aus Fleisch und Blut. Die Pfeile zielen auf mich, mit unfehlbarer Sicherheit bleibt einer nach dem anderen zitternd in meinem Angst-Zentrum stecken. Habe ich etwa

Krankhafte Veränderungen der Netzhaut des Auges

Nein. Oder doch? War nicht vorgestern abend alles reichlich schwummrig?

Degeneration von Muskeln und Nerven

Ja. Oder doch nicht? Aber die Flatter neulich?

Schwere Veränderungen der Nierenkörperchen

Weiß man's? Eben noch wußte ich gar nicht, daß es Nieren-körperchen gibt, von jetzt ab muß ich mit dem Wissen leben, daß sie dazu fähig sind, sich schwer zu verändern. Ob sie es gerade tun? Im Schutze einer Dunkelheit, in der auch die unverändertste Netzhaut nichts sehen kann? In mir selber näm-lich? Was geht in mir vor? Hilfe! Ich will noch nicht sterben!

»Sie wünschen?«

Wie? Ach, das Übliche: ein Täßchen Kaffee, zwei Brötchen mit Butter, ein weiches Ei.

Kommen Sie auf den Geschmack −

Nein! Ich will keinen Quark im Dreivierteltakt. Nicht hier und nicht jetzt! Ich will meine Ruhe, und ruhig, gaanz ruhig stelle ich das unerhörte Pappschild auf den Nachbartisch. Da steht zwar schon eines, auf allen Tischen stehen diese Schilder, aber als Bürger eines freien Landes bestehe ich auf einem freien Tisch, damit ich meinen freien Gedanken nachhängen kann in dieser freien Stunde zwischen Traum und Tag.

Lassen Sie doch Ihrer Phantasie einmal für ein paar Minuten freien Lauf:

Ja, ja! Mach ich!

Verschneite Datschas

Was ist los?

wilde Reiter in der endlosen Steppe, rauschende Feste im alten Petersburg! Beflügeln Sie Ihre Gedanken

Ich? Wie denn, wenn mich ein Wahnsinniger dauernd mit Datschas belästigt?

durch ein Glas »Russische Schokolade«. Diese köstliche Schokoladen-Spezialität

kostet fünf Mark fünfzig und bietet sich mir ebenfalls in Wort und Bild auf meinem Tischchen an. Kauf mich, kreischt die Spezialität. Nein, mich, plärrt

»French-Coffee« aus aromastarkem Kaffee, braunem Zucker und einem frechen Schuß Orangen-Likör. Jetzt kurz die Augen schließen – und schon sonnen Sie sich am Ufer der Seine.

Gibt es eigentlich kein Gesetz, das solche abgefeimten Lügen verbietet? Muß man sich alles bieten lassen? Auch das hier?

Toast-Zeit ist immer von morgens bis nach Mitternacht.

Nein, ich will das nicht mehr hören!

Lecker-Snack, Schinken + Käse, der gute alte – nur noch besser.

Weg mit den Widerwärtigkeiten. Weg, weg, weg. Und her mit der ›Frankfurter Allgemeinen Zeitung‹. Ah! Wie gediegen sie mich nach all dem würdelosen Gezeter anmutet. Wie behutsam und besänftigend der Leitartikel anhebt:

Das andere Persien

Von Harald Vocke

Der Gedanke ist fast beruhigend, daß der Schah nicht mehr lebt.

Ja! Ist er! Sogleich fühle ich, daß auch ich ganz ruhig werde und immer ruhiger und immer ruhiger – lese ich überhaupt noch, oder träume ich schon?

Friedrich Sieburg

Hallo Friedrich, du hier? Wie kommst du denn in einen Leitartikel über Persien?

hat uns erläutert, wie ernsthaft noch die Franzosen der Dritten Republik glaubten, der liebe Gott sei Franzose. In ähnlicher Weise halten sich die Perser für das intelligenteste Volk der Welt.

Ach ja? Tun sie das? Wenn sie sich da mal nicht irren. Denn was wissen die Perser über Harald Vocke? Nichts. Was aber weiß Harald Vocke über die Perser? Alles:

Ihr Lebensstil, ihre Teppiche, ihre Küche und ihre Architektur, alles ist raffinierter als bei den Nachbarn.

Jetzt nur nicht aufwachen! Nur nicht an die Millionen Perser in Lehmhütten und Armut denken! Raune weiter, Vocke, weiter, weiter!

Und wie elegante Frauen oft in ganz einfache Gegenstände verliebt sind, so schätzen die Perser vor allem die zugleich einfachen und vollkommenen Dinge: frisches Brot, Granatäpfel, die man mit den Fingerspitzen massiert,

bis dem Apfel einer abgeht, nein,

bis aus einer Öffnung der Schale der durststillende, herbbittere Fruchtsaft hervorquillt, volle und langsam dahinwelkende Rosen

Halt ein, Harald! Das ist der Gipfel! Versuche nicht, den Schwachsinn noch höher zu schrauben! Aber Vocke schwallt unverdrossen weiter, gleich wird er die Schmerzgrenze erreichen:

Daß für ein so bewußtes Kulturvolk eine Revolution einen tieferen geistigen Einschnitt bedeutet als beispielsweise für die genügsamen, ländlich-heiteren Ägypter,

die es ja bekanntlich bisher weder zu frischem Brot noch zur Granatapfelmassage gebracht haben, die Schlawiner, die pyramidonalen,

wird auch den Europäer nicht verwundern.

Zumindest nicht den Europäer Vocke. Der hat den Überblick. Er ist für das andere Persien und gegen Khomeini:

Stumpfe Geister

nennt er ihn und seine Anhänger und prügelt doch selber mit seinem stumpfen Stil und der ganzen Gemeinheit eines abgestumpften Polit-Feuilletonisten pausenlos auf mein zuckendes Hirn ein:

Weil Geschichte sich nicht wiederholt, ist es müßig, in Persien auf einen Napoleon zu warten.

Genug! Eher kommt Napoleon durch ein Nadelöhr, als das Kamel Vocke auf den naheliegenden Gedanken, daß er unverzüglich verstummen müßte, wenn ihm sein Seelenheil lieb ist. Also weg mit der Zeitung, weg, weg — ja?

»Ihr Frühstück!«

Ah! Menschliche Laute! Wie licht die Welt auf einmal wird! O dampfender Kaffee, o rundliche Brötchen, o wertvolle Lektüre, die mich beim appetitlichen Mahl begleiten wird. Die ›Zeit‹ soll es sein, nein, das handliche ›Zeitmagazin‹ wird den Anfang machen. 's ist ja wieder Donnerstag, Zeit für ein stärkendes Bad im liberalen Gedankenborn aus dem gehobenen Norden — doch was red' ich? Lesen will ich. Doch was les' ich? Hier E-A-O-J-C

Hier Robert Gernhardt. Wer da?

Es spricht der König

und es schreibt Volker Mauersberger:

Der spanische König Juan Carlos ist sicherlich ein Staatsoberhaupt, dessen Erscheinung zu den attraktivsten in Europa gehört.

Und Volker Mauersberger ist sicherlich in den König verknallt: Sportlich, sympathisch, stets braungebrannt erscheint er seinen Untertanen als ein Mann, auf den jeder Spanier eigentlich stolz sein kann. Wer je die Gunst hatte, von König Juan Carlos zur Audienz gebeten zu werden

Wo bin ich? In welchem Jahrhundert lebe ich eigentlich? Wie kommt die ›Gartenlaube‹ auf meinen Tisch?

In Madrid

Flüchten oder standhalten? Egal. Der Tag ist eh im Eimer, und wo ist Volker Mauersberger?

In Madrid

Im Namen des Königs! Was ist in Madrid?

In Madrid wurde lange die schöne Geschichte von jenem Tankwart erzählt, der regelrecht erschrocken war, als an einem warmen Sommerabend

Volker Mauersberger Hand in Hand mit Juan Carlos, nein, ein großer Mann in Ledermontur vorfuhr und darum bat, den Tank der Maschine vollzufüllen. Lachend gab sich Juan Carlos dem Verdutzten zu erkennen

Ha, ha, i bin's, der Kini! Kennst mi net, du Lackl?

und er soll noch gesagt haben, daß er solche Spritztouren von seinem Zarzuela-Schloß auf die Madrider Autobahnen öfter einmal unternehme.

Hoho, jetzt muß aber auch ich über die schöne Geschichte

lachen. Und Mauersberger weiß noch viel schönere. Wie etwa der König mit seiner Frau unangemeldet in einem renommierten Restaurant in der Madrider Innenstadt auftauchte und sich nicht etwa auf den Fußboden setzte, sondern
geduldig wartete, bis ihm die Kellner einen Tisch vorbereitet hatten.

Hihi. Oder wie es in einem Wintersportort zwischen ihm und einem Radioreporter
zu einem fast leutseligen Disput
kam. Der Reporter nämlich
redete den König nicht mit »Eure Majestät« an, sondern benutzte das altspanische Señor. Umgekehrt sprach der König im freundlichen »Du« mit seinem Partner

Sagt, geht's noch leutseliger? Aber immer!
oder nannte den Reporter Fernando Rodriguez Madero zuweilen ganz einfach »Fernando«.

Solche und ähnliche Geschichten erzählt man sich in Mauersbergerkreisen noch heute von der Leutseligkeit des spanischen Königs, der zu allem Überfluß auch Funkamateur ist und per Funk Kontakt mit Untertanen
aufnimmt. Die aber danken es ihm, und wie sie es ihm danken: Ein älterer Hörer ließ den funkbegeisterten Monarchen wissen: »Ich bin ja so dankbar für diesen Kontakt heute abend, denn ich wollte Ihnen schon immer sagen, wie sehr ich mich daran erinnere, daß mich Ihr Großvater einmal auf die Stirn geküßt hat. Vielen Dank, immer zu Diensten, Euer Majestät.«
Viel spricht dafür
jetzt spornstreichs aus dem Café zu rennen und auf offener Straße vor einer entsetzten Mitwelt das Ende der Fürstenherrschaft auszurufen, aber das gelähmte Auge folgt willenlos dem Schleim der Zeilen, bis Volker Mauersberger seinem Idol im letzten Satz einen letzten Schmatz auf den Bourbonenhintern drückt:
Viva el Rey – es lebe der König.

Babylon! Draußen durchtobt ein mörderischer Verkehr die Eschersheimer Landstraße, durch meinen Kopf toben Mordgedanken, im HR III, der ununterbrochen das Café beschallt, tobt sich der Werbefunk aus:

Ach, war das eine herrliche Gondelfahrt!

Siehst du, und zuerst wolltest du gar nicht mitkommen.

Nein, aber jetzt mit Camelia fühle ich mich vollkommen sicher.

Die Uhr zeigt elf, und ich zeige Wirkung.

Legen Sie doch Ihren Gedanken einfach Flügel an!

Nein! Nicht ich und nicht jetzt! Ich will noch nicht saufen!

»Sie wünschen?«

Ich? Äh, noch einen Kaffee bitte.

Und zu dem letzten Kaffee werde ich einen letzten Blick in eine letzte Zeitung werfen. In eine, die nicht ver-, sondern aufklärt, die nicht zu-, sondern entkleistert, in die TAZ mit einem Wort.

Elegie für Pasolini

Es trauert Konstantin Wecker:

Mich jedenfalls kann die Weltgeschichte am Arsch lecken und sein Gedicht kommentiert eine ungenannte Redakteurin/ ein ungenannter Redakteur:

Konstantin Wecker. Wir haben lange gesucht, um einen Mann zu finden, der emotional so ausgebaut reflektiert ist.

Du deutsch? Ja? Warum du dann nicht schreiben deutsch?

Empfindlich mit den Tönen und den Worten;

Ich viel nichts verstehn. Was du sagen?

jemand, der sich nicht vergessen hat, sondern sich entdekken will. Mit allem Riechen, Schmecken, Lügen, Duften, Stinken sich kriegen will.

Herrschaften! Möglicherweise ist mein emotionaler Ausbau noch nicht abgeschlossen, doch so viel fühle, nein, weiß ich: In diesem Schwundjargon darf man nicht über Sprache reflektieren. Nein, das darf man nicht! Ich nämlich hab's verboten, ich Napoleon, Robert und Gott!

Also es ist lesens- und hörenswert.

Was? Ach so, das Mann Wecker. Sonst noch was?

Die Deutschlandtournee beginnt bald, und ein Gedichtband ist rausgekommen im Verlag Ehrenwirt.

Und mir ist reingekommen in den Kopf der Gedanke, daß all die disparaten Abscheulichkeiten dieses Morgens lediglich Mosaiksteine eines einzigen, umfassenden Planes sind. Daß sie alle von einem einzigen teuflischen Hirn erdacht wurden, das nur ein einziges, satanisches Ziel kennt: mich zu zerstören. Und daß dieses zutiefst verderbte Superhirn, nenn es Luzifer, nenn es Vocke, nenn es Fürst der Welt, nenn es Lecker-Snack — ja?

»Ich muß hier abkassieren.«

Ach so. Ja. Ein Kännchen Kaffee, zwei Brötchen mit Butter, ein weiches Ei . . .

»Und noch eine Tasse Kaffee.«

Ja, richtig. Hier. Das stimmt so.

»Danke. Einen schönen Tag noch!«

Ja natürlich, der Tag. Aber wie soll ein Tag schon enden, der so begann? Da, auf die Straße tretend, lese ich auf einmal die Antwort groß an der frischgestrichenen Wand des Gebäudes der US Army Contracting Agency Europe:
Gegen

Weiter ist der Schreiber offenbar nicht gekommen, nur
Gegen

hat er auf die weiße Fläche sprayen können, dann mußte er ablassen. Doch mehr brauche ich auch nicht zu wissen. Wenigstens die Richtung ist jetzt klar:
Gegen

Fehlt nur noch ein Ziel. Aber das sollte sich im Laufe des Tages wohl noch finden lassen.

(1981)

Wer passiv lebt,
der lebt gefährlich!

Wie jedermann weiß, schädigt das PASSIVRAUCHEN *die Gesundheit des Betroffenen.*

Wie nicht jedermann weiß, regt das PASSIVESSEN *die Sekretion des Betrachters derart an, daß er ebenfalls gesundheitlich geschädigt wird.*

Wie jedermann wissen sollte, bewirkt das PASSIVTRINKEN *mittels der Einatmung des sich verflüchtigenden Alkohols ganz außerordentliche gesundheitliche Schäden.*

Wie jedermann wissen müßte, führt das PASSIVSCHMUSEN *zu einem derartigen Anstieg des Hormonspiegels, daß oft alles zu spät ist.*

(1981)

Sieben Wochen Einsamkeit

Ja, es ist wahr, was man sich überall erzählt: Ich habe keinen Fernseher. Hätte ich einen, ich würde diese Zeilen nicht schreiben müssen. So aber lief ich gutgläubig, aufgeschlossen und zu jedem Scheiß bereit in das offene Messer, das meine falschen Freunde für mich bereithielten.

Es war Mitte Februar. Wir führten mal wieder eines jener Gespräche, die normalerweise zu nichts führen — daß die Satire sich mehr um den Alltag kümmern müßte, um den Medien-Alltag zum Beispiel; daß einer von uns mal über einen längeren Zeitraum die Samstagabend-Unterhaltung des Fernsehens verfolgen sollte, um etwas über die wirklichen Träume und die gemachten Bedürfnisse der Zuschauermillionen in Erfahrung zu bringen; daß sich auf diese Weise Erkenntnisse gewinnen ließen, die sicherlich ebenso relevant wie — und an dieser Stelle muß ich traumverloren und heftig genickt haben, denn auf einmal waren sich alle darin einig, daß ich mich dieses Themas annehmen sollte.

»Aber ich habe doch gar keinen Fernseher!«

Das gerade sei mein unschätzbarer Vorteil, wurde mir versichert, dadurch habe ich mir doch jenen ungetrübten Blick bewahrt, der gerade mich —

»Na ja. Und wo sehe ich die Sendungen?«

Och, ich könnte doch die Samstagabende reihum bei den Freunden verbringen, so käme ich unter die Leute, an Gesellschaft und Trinkbarem sollte es auch nicht fehlen, nachher könnte man dann noch —

»Na gut.«

Heute, vier Monate nach diesem Gespräch, kenne ich die Menschen und die Samstagabend-Fernsehunterhaltung. Zu den Menschen nur so viel: Sie sind schlecht. Selten hörte ich derart windige Ausflüchte wie dann, wenn ich meinen Besuch und die Absicht ankündigte, den ›Blauen Bock‹ zu sehen. Nie fühlte ich mich so allein gelassen wie in den Fernsehzimmern meiner Freunde, die mir — ›Musik ist Trumpf‹ hatte gerade begonnen — hastig Salzstangen und eine Flasche Wein rüberschoben, um dann im Nebenzimmer einen leider hochwichtigen, ganz und gar unaufschiebbaren Brief zu schreiben. Die Samstagabend-Fernsehunterhaltung aber . . .

Sieben Wochen lang sah ich Samstagabend für Samstagabend das, was die Anstalten »Große Unterhaltung« nennen. Wohl deswegen, weil sie in großen Sälen vor großem Publikum stattfindet. Insgeheim hatte ich großen Schwachsinn oder große Geschmacklosigkeiten erhofft, doch zu meiner ebenfalls großen Überraschung war diese große Unterhaltung ganz anders. Eine kleine Welt für sich, die dem Eindringling anfangs fremd und rätselhaft erscheint. Eine, die er sich erarbeiten muß, bis er langsam merkt — doch ich greife vor. Nicht das, was ich weiß, will ich niederschreiben, sondern das, was ich sah. Und das sah ich:

21.2. DER BLAUE BOCK
(Hessischer Rundfunk)

Er kommt live aus Kassel, wird von Heinz Schenk moderiert und ist der ideale Einstieg für den Unterhaltungsforscher: Wer diese Sendung durchsteht, packt alle. Seltsames geschieht. Prominente treten auf, die augenscheinlich deswegen prominent sind, weil sie oft im Fernsehen auftreten. Sie bieten Darbietungen dar, deren Inhalt darin besteht, daß die Darbietenden versichern, daß sie etwas darbieten. Das sieht so aus: Vier mir zumeist unbekannte Herren singen ein Lied, das ›Guten Talk allerseits‹ heißt und dem ich entnehme, daß die vier — »Wir sprechen immer amüsant« — im Hauptberuf Talkshows moderieren. So ist es. Die Herren sind — Heinz erzählt es mir augenzwinkernd — Armin Halle (NDR Talkshow), Rainer Holbe (Eins und Eins gleich Eins), Frank Lehmann (Stadtgespräch) und Samy Drechsel (Sonntagsclub). Dem gemeinsam vorgetragenen Lied schließt sich ein Gespräch des Gastgebers mit seinen Gästen an. Jeder Gast erzählt etwas über seine Show — »Du, Heinz, warst ja auch schon mal bei mir zu Gast« —, außerdem erfahre ich, daß Samy Drechsel mit Irene Koss verheiratet ist: »Und die war ja eine unserer ersten Fernsehansagerinnen!«

Er hat ein gußeisernes Gedächtnis, dieser Heinz Schenk. »Du

warst ja bereits 173mal dabei«, sagt er zum Pianisten und zum Publikum: »173mal! Ist das nicht phantastisch?« Beifall.

»Das ist das zweite Mal, daß wir Ballett im ›Blauen Bock‹ haben«, merkt er an. »Das erste Mal war Silvester.«

»Wir waren ja bereits zusammen in Hannover. Was haben wir eigentlich in Hannover gemacht?« — so begrüßt er eine Sängerin, um sofort haarklein zu erzählen, was sie in Hannover gemacht haben, eine schöne Sendung nämlich.

Er kündigt die Eröffnung der 28sten Fernsehlotterie an, weist auf die nächste, die 100ste Sendung seines ›Blauen Bock‹ hin, gratuliert Jupp Schmitz zum 80sten Geburtstag und überreicht Willy Schneider nicht irgendeinen, nein, »den zwölften Faschingsorden, den unser Willy Schneider im ›Blauen Bock‹ bekommen hat«.

Über der Vergangenheit wird jedoch die Zukunft nicht vernachlässigt. Gast Heidi Kabel erzählt, was sie demnächst im Ohnesorg-Theater machen wird. Gast Joachim Fuchsberger berichtet, er werde im laufenden Jahr 42mal auf den Fernsehschirmen erscheinen — »Fast jede Woche Blacky!« jubelt Heinz. Gast Peter Kraus — »Wo haben wir uns das letzte Mal gesehen, Peter?« »Auf den Bahamas.« — plaudert über seine Show-Pläne: »Paola ist auch drin.«

Paola ist aber auch bei Schenk drin. Als Kellnerin verkleidet hat sie kurz zuvor mit den ebenfalls vermummten Herren Tony Holiday, Costa Cordalis und Uli Marten eine Schallplatte herumgezeigt, ›Superstars und ihre Superhits‹, die Platte zur Fernsehlotterie, und dazu singend behauptet:

> Im Lokal zur guten Laune,
> ja, da sind wir engagiert,
> diese Platte, die bringt Freude etc.

All das ist offensichtlich gelogen. Hin und wieder schwenkt die Kamera ins Publikum und zeigt ernste, ja angespannte Gesichter. Was hat diese Menschen hier zusammengeführt? Worauf warten sie? Darauf, daß irgend etwas passiert? Aber im ›Blauen Bock‹ passiert nichts. Die ganze Sendung kreist einzig um die Tatsache, daß eine Sendung stattfindet, daß andere Sendungen stattgefunden haben, daß weitere stattfinden werden.

Ein Herr Hilbich tritt auf. Eine Mütze macht ihn als Karnevalisten kenntlich, er singt: »Heut ist Karneval in Kieritz an der Knatter.«

Die Ansagerinnen von ARD und ZDF erscheinen und singen im Chor:

> ARD und ZDF
> singen jetzt aus dem ff
> frohgemut mit viel Humor
> hier zum ersten Mal als Chor —

Woran erinnern mich diese fortlaufenden, selbstvergessenen Kommentare dessen, was man gerade tut? Richtig! An Bubu! Der ist drei Jahre alt und begleitet all seine Handlungen mit unablässigem Geplapper: »Bubu baut Haus. Bubu lieb. Bubu Kacki macht.« Doch es ist nicht nur der Geist der Krabbelstube, der diese Sendung durchweht. Deutlicher noch ist ein anderes Aroma spürbar, ein Hauch von — aber nein! Keine voreiligen Schlüsse! Noch weiß ich ja nicht, was mir die nächsten sechs Samstage bringen werden, die sich lockend und drohend zugleich vor mir auftürmen.

28.2. EIN LIED FÜR DUBLIN
(ARD zusammen mit der Arbeitsgemeinschaft Deutscher Musikwettbewerbe)

Zwölf Interpreten stellen zwölf Lieder vor, eines wird die BRD beim Grand Prix Eurovision in Dublin vertreten. Eine sicherlich unabhängige Jury hat zuvor aus 673 Einsendungen die zwölf sicherlich besten Chansons ausgesiebt. Demnach ist Michael Kunze sicher der allerbeste Texter; von ihm stammen allein drei der zwölf Texte. Der beste Komponist aber ist ganz sicher Ralph Siegel. Er erdachte zwei der zwölf Melodien, darunter das Siegerlied zum Jahr der Behinderten ›Johnny Blue‹, die Geschichte eines blinden Sängers, gesungen von der blonden Lena Valaitis.

Sängerin Katja Ebstein dagegen — »Dieser schöne, schreckliche Beruf« — singt nicht, sie moderiert. Sie erzählt, daß das Vorentscheidungsfieber bereits alle Mitwirkenden gepackt habe, daß sie selbst in heller Aufregung sei, und empfiehlt den Zuschauern, sie sollten das Ganze nicht so tragisch nehmen. Ich nehme natürlich nichts tragisch, wieso auch, es geht ja nicht um meine Kohlen. Erst beim fünften Lied horche ich auf, da wird der mir bereits bekannte Herr Fuchsberger angekündigt. Doch leider ist es nicht Blacky, sondern Sohn Tommy, dem jedoch der eigene Vater einen sehr ansprechenden Text geschrieben hat: »Josephine, ich möchte mit dir auf eine Insel ziehn.« Darüber hinaus gab mir die Sendung nicht viel, allein der offensichtlich arg abgefüllte Co-Moderator Rudolf Rohlinger konnte noch durch das klebrige Interesse gefallen, mit dem er seinen krausen Gedankengängen nachhing: »Ein amerikanischer Schreiber, den ich sehr verehre, das heißt, ich verehre viele amerikanische Schreiber . . .« Nein — die anderthalb Stunden hatten meine Samstagabendfernsehunterhaltungserkenntnisse nicht wesentlich bereichert. Würde mir am nächsten Wochenende mehr Glück beschieden sein?

7.3. MUSIK IST TRUMPF
(ZDF, RIAS, ORF, SRG)

Die Musik kommt aus der Dortmunder Westfalenhalle, durch die Sendung führt Harald Juhnke, und schon als er den ersten Gast, den Ex-Schwergewichtsmeister Heinz Neuhaus, vorstellt — »Das waren noch Zeiten, was Heinz?« —, spüre ich wieder das Samstagabendfieber, das mich bereits beim ›Blauen Bock‹ befallen hatte.

Da singt Juhnke ein Lied, das die Tatsache feiert, daß es Lieder gibt:

> Das Leben wäre doppelt schwer,
> wenn die Musik nicht wär

Da lobt Juhnke im Fernsehen das Fernsehen — »Da lob ich mir aber das Fernsehen« —, weil es ihm die Möglichkeit gibt, die Benefizplatte zu seiner Sendung, die Scheibe ›Tanzmusik ist Trumpf‹, anzupreisen. Da begrüßt er einen alten Freund — »Sie kennen ihn alle: Lou van Burg!« —, und Onkel Lou berichtet, daß von der Benefizplatte *seiner* Sendung, der Scheibe ›So wird's nie wieder sein‹, 400 000 Stück verkauft worden seien: »Eine Million Mark für die Deutsche Krebshilfe, dieser Scheck hier ist für Sie, verehrte Frau Dr. Mildred Scheel!«

Dann dankt Lou dem Harald, daß er in dessen Sendung zu

Gast sein durfte und kündigt an, daß er selber in einigen Monaten in dieser Halle eine eigene Sendung machen werde, worauf Harald dem Lou sagt: »Na, das ist ja phantastisch!« und als nächsten Beitrag einen besonderen Leckerbissen verspricht: »Günter Noris und die Bundeswehr-Bigband spielen bekannte Fernsehmelodien!«

Ich errate, daß es sich um Melodien zu Fernsehsendungen handelt, die von Bildern aus ebendiesen Sendungen begleitet werden. Gerade will mein Interesse endgültig erlahmen, als auf einmal wieder jemand zu singen anhebt — den kenn ich doch?! Jawohl, es ist der Herr Hilbich aus dem ›Blauen Bock‹, diesmal ohne Faschingshut, dafür aber mit Studentenmütze.

Und dann wird Harald ganz aufgeregt, gleich käme ein Stargast, »ein alter Spezi« von ihm, und da kommt auch schon Udo Jürgens und begrüßt seinen »alten Freund Harald«, und dann singt er, und dann singen beide, und dann sagt Harald »Merci, Udo«, und Udo sagt »Bitte, Harald«, worauf beide ganz jungenhaft lachen müssen, und schließlich wird Harald sehr besinnlich: »Einer der großen Volksschauspieler ist von der Lebensbühne abgetreten. Wir gedenken in Dankbarkeit des großen Paul Hörbiger!« — und dann gibt's noch ein Filmchen, in dem Hörbiger das Fiakerlied singt, und ich begreife schattenhaft, daß ich nicht eigentlich Unterhaltungssendungen, sondern Familienfeiern beiwohne. Kein Wunder, daß mir so vieles merkwürdig vorkommt und so manches unverständlich bleibt — warum lachen alle, wenn Harald das Wort »Bier« fallen läßt? Bin ja immer noch ein Fremder, allerdings einer, der verbissen Familienanschluß sucht. Bei der nächsten Feier jedenfalls werde ich ganz sicher wieder mit von der Partie sein, doch, das werde ich.

14.3. EINER WIRD GEWINNEN
(ARD, ORF, SRG)
Das große internationale Quiz kommt aus Kiel und enttäuscht mich. Zu viele mir gänzlich fremde, völlig geschichtslose Frauen und Männer treten auf; nicht einmal Quizmaster Kulenkampff scheint sie zu kennen, da er jeden einzelnen lang und breit nach Namen und Beruf fragt: »Und was machen Sie?« »Ich

leite eine Klasse für lernbehinderte Kinder.« »O Gott — das auch noch!«

Momente funkelnder Peinlichkeit schimmern auf — »Wie heißen Sie?« »Schickmeier.« »Nicht Schicklgruber?« — doch der Gesamteindruck bleibt grau. Da mag der Seemannschor der Marineversorgungsschule List auf Sylt noch so singen, da mag der spanische Kandidat Rios noch so angestrengt in ein Aquarium mit zehn Ostseefischen starren, von denen er drei raten soll — »Kennen Sie den?« »No.« »Oder den?« »No.« »Den auch nicht?« »No.« »Aber wenigstens den?« »No.« — irgendwie werde ich das Gefühl nicht los, daß Kuli, anders als Heinz oder Harald, zuwenig wahre Freunde hat, um in seiner Sendung jene Mischung von Stallwärme und Erinnerungsseligkeit zu verbreiten, die mich an den vorhergehenden Samstagen gefesselt hatte. Als wenigstens einer seiner Freunde schließlich kommt — »Wir kennen uns schon lange, wir mögen uns auch sehr« —, ist alles zu spät: Selbst Freddy Quinn und sein Lied ›Das große Spiel wird gleich beginnen, wer wird gewinnen?‹ können dem zähen Geschehen keinen emotionalen Zunder mehr geben.

Oder irre ich mich, Nichtfernseher, der ich bin? Möglicherweise genügt der Auftritt des einen Kuli, um die Zuschauer zu gerührter Rückschau zu bewegen: »Weißt du noch, wie wir Kuli das erste Mal gesehen haben? War das nicht 65?« »Nein, da ging ich doch noch mit Karl, und der hat mich während der Sendung immer —« Läuft es so? Wie dunkel mir das Unterhaltungsland auf einmal vorkommt! Werde ich am nächsten Samstag klarer sehen?

21.3. ASTRO-SHOW
(Bayrischer Rundfunk)
Ach Gott, Hotte ... Wie schön war er in ›Felix Krull‹, wie überflüssig in ›Die glorreichen Sieben‹, welchen ganz und gar vergeblichen Wirbel veranstaltet er nun im Studio des Bayrischen Rundfunks, in dem als Quiz-Kandidaten und Zuschauer lauter Widder-Geborene sitzen: »Und um meinen Übermut noch auf die Spitze zu treiben, habe ich ein ganzes Haus dieser Feuerteufel eingeladen, hach, huch!«

Es ist der Übermut der Verzweiflung, der ihn voranpeitscht.

Was er vorhat, kann nicht funktionieren und funktioniert auch nicht. Unter den Kandidaten soll nach dunklen Kriterien der Widder der Widder herausgefunden werden. Nur einmal gibt es einen lichten Moment, der blitzartig erhellt, wie Unterhaltung auch sein könnte, nämlich mitleidlos, grell, peinigend und aufregend: »Wie haben Sie Ihrem Mann Ihre Liebe gestanden?« fragt Horst die Kandidatin Frau Dobler. »Ich habe ihm gar nichts gesagt.« »Gar nichts? Uiui!« »Nein. Er hat eine bestimmte Stelle, wenn man die berührt, weiß der Mann alles.«

Starr lächelte der Ehemann dazu, ich litt mit ihm und konnte doch die voyeuristisch geweiteten Augen nicht von dem entblößten Paar wenden. Dann aber versinkt wieder alles in ausgewogener Mattigkeit. Der Widder der Widder wird schließlich Frau Vera Kaltenberg, die Herr Horst Buchholz mit einem bemerkenswerten Schlußsatz verabschiedet: »Ich wünsche Ihnen meine besten Wünsche für Ihre Zukunft.«

Astro-Horst sollte seine Wünsche für sich selber aufsparen. Wer, wie er, so ganz und gar ohne wahre, alte und gute Freunde ist — kein einziger besuchte ihn in seiner Sendung —, wird schwerlich neue finden. Mit 21 Prozent Sehbeteiligung liegt seine Sendung weit hinter dem Hauptfeld zurück. Auch mich wird er nicht wiedersehen. Mich zieht es ins Zentrum des Geschehens, und wenn mich nicht alles täuscht, werde ich mich am nächsten Samstagabend kopfüber hineinstürzen können.

28.3. AUF LOS GEHT'S LOS
(Südwestfunk)

Nein, dieser Blacky! Herr Fuchsberger ist trotz seiner reifen Jahre ein rechter Lauser geblieben, einer, den man einfach gern haben muß. Und alle haben ihn gern: die Kandidaten, die in Windeseile ihre Antworten auf seine Denksportaufgaben hinausschreien — »Was ist ein ein halbes Kilo schwerer Mann?« »Ein . . . ein . . . Pfundskerl!« —, das Publikum, das ihm jeden Wunsch von den Lippen abliest — »Könnten Sie nochmal applaudieren, wir brauchen noch einen Zwischenschnitt ins Publikum« —, die Gäste, die ihm das freundschaftliche Du geradezu aufdrängen, sofern sie ihn nicht ohnehin schon duzen.

»Sag Du zu mir!« bittet ihn der Gast und Ex-Ringmeister

Wilfried Dietrich. »Ich darf du zu ihm sagen, puuh!« freut sich Blacky. Gast Köhnlechner dagegen darf er bereits zu seinen Freunden rechnen: »Und nun zu meinem Freund, darf ich doch sagen, Manfred?!« Gast Valaitis erinnert sich der aufregenden Ausscheidung, die vier Wochen zurückliegt, Gastgeber Fuchsberger blickt mehr nach vorn: »Heut in acht Tagen um diese Zeit wird Lena die Bundesrepublik in Dublin mit ihrem Siegertitel vertreten, Daumen drücken!« Folgt der Siegertitel, worauf sich der Gastgeber dem Gast Nosbusch zuwendet, einem sechzehnjährigen Mädel, das im Verlaufe ausgedehnten Getätschels, Gefrotzels und Gealbers tief in ihre Plaudertasche greift: »Weißt du, Blacky, als ich die Sendung mit Curd Jürgens machte —« »Wann war das, Désirée?« Denn auch das Gör hat bereits seine eigene Sendung, ebenso wie Gast Olivia Pascal, der Fuchsberger zur Premiere ihrer Unterhaltungsshow ›Bananas‹ gratuliert, worüber er freilich nicht vergißt, seiner eigenen Show in Rückblick und Ausblick zu gedenken: In der vorhergehenden Folge habe er sich 126mal an die Nase gefaßt — »Ein Zuschauer hat mitgezählt!« —, über zwei Millionen Zuschauer hätten sich am letzten ›Publikumsbegriff‹ beteiligt, dies sei die 25ste ›Auf los geht's los‹-Sendung, für die nächste am 9. Mai suche er Kandidaten mit Tiernamen, die an eben diesem Tage Geburtstag hätten — verschmitzt schaut Fuchsberger aus dem Bildschirm, und etwa 20 Millionen Deutsche lächeln versonnen zurück. Ja! Wir sind eine große Familie, angefangen bei mir, dem verlorensten aller Söhne, bis hinauf zum Telefongast und Landesvater F. J. Strauß, der sich von unserem Blacky bar jeglicher Ironie mit den Worten verabschiedet: »Seien Sie meines großen Wohlwollens für immer versichert.«

Ein Lob, das der bescheidene Fuchsberger flugs weiterleitet: »So weit bin ich nur gekommen, weil Sie, liebe Zuschauer, mich nie haben im Regen stehen lassen!« Und bei diesen Worten ergießt sich plötzlich ein großes Wasser auf ihn, alle müssen lachen, auch ich, wie dumm unser Blacky aus der Wäsche guckt, bis sein Schmunzeln endlich signalisiert, daß alles nur Spaß ist — wird es ihm Frank, sein einziger ernsthafter Konkurrent, in einer Woche gleichtun können? Ihn gar übertreffen?

4.4. WETTEN, DASS . . .?
(ZDF, ORF, SRG)

Nein, keine Steigerung. Alles wie gehabt, kundig, fast abgebrüht folge ich dem Geschehen und sehe zu, wie Show-Master Frank Elstner seinen »Supergast« vorstellt, den »großartigen Kollegen« Rudi Carrell: »Rudi, wann wird man dich wieder im Fernsehen sehen?« »Frank, ab Herbst mache ich eine neue Serie, eine Quatschnachrichten-Show.« »Toll! Ab 12. Oktober gibt es jede Woche Rudi Carrell — aufschreiben, aufschreiben!« Und auch die Welt des Sports hat wieder einen Gast entsandt, es ist die Eiskunstlaufweltmeisterin Denise Biellmann, die der Welt der Unterhaltung freilich bereits ihre Aufwartung gemacht hat: »Ich war schon mal in ›Telespiele‹«, bekennt sie. »Ja, die kenn ich, das ist doch die Sendung mit dem Thomas Gottschalk«, ergänzt der kundige Elstner.

Die Welt der Kunst dagegen — »Wir sind alte Freunde, ich werde ihr heimlich einen Streich spielen« — vertritt Vicky: »Sie singt das erste Mal seit zwei Jahren im Fernsehen!«

Und dann singt sie, und Frank läßt hinter ihrem Rücken heimlich einen Stapel Teller fallen, und Vicky muß so unbändig lachen, daß sie gar nicht mehr weitersingen kann, genau so, wie ihr Freund Frank gewettet hatte. Und viel später lese ich, daß Frank seiner Freundin Vicky diesen Streich bereits während eines früheren Auftritts gespielt hat und daß sein Streich abgekartet und ihr Lachen geheuchelt war, und da werde ich ganz traurig, weil ich geglaubt hatte, der freundliche Frank sei auch schon ein ganz klein bißchen mein Freund geworden, und weil wahre Freunde einander doch nicht belügen sollten und —

Genug. Seit dem 4.4. verbringe ich meine Samstagabende wieder fernsehfrei, der Spuk ist verflogen — wie bring ich jetzt nur die Anschauung auf den Begriff?

Da hatte es offensichtlich eine kleine Bande von eiskalten Onkeln geschafft, sich die Große Unterhaltung fast restlos unter den Nagel zu reißen. Da hielten sie in ihren Sendungen Hof, empfingen befreundete Vasallen oder die Fürsten der anderen Sendungen und verstanden es noch, den Gaffern das Gefühl zu geben, das ganze Zeremoniell diene lediglich der

Zerstreuung des Publikums. Da unterhielten sich halbseidene Unterhaltungsgangster öffentlich über ihre Unterhaltungs-Coups und verkauften diese Unterhaltungen als Unterhaltung. Da thematisierten alternde Hallodris ihre eigene Geschichte und suggerierten ihrer ebenfalls alternden Zuschauerschaft in gespielter Kumpelhaftigkeit, sie alle, Stars und Plebs, seien im Grunde eine große Familie. Da inszenierten sie Samstag für Samstag Nostalgie-Festivals, die keinen anderen Inhalt hatten, als die triste Tatsache, daß es sie, die alten Fernsehhasen, immer noch gab.

Sie taten es vor aller Augen. Wie schamlos mußte es da erst hinter den Kulissen zugehen? In den Redaktionen und Programmsitzungen? Da, wo die Ländereien verteilt, die Pachtverträge verlängert, die Schürfrechte vergeben wurden? In jenem unergründlichen Filz aus unkündbaren Unterhaltungsbeamten, unersättlichen Unterhaltungsindustriellen und unerbittlichen Unterhaltungsvollstreckern? Ich mochte mir diesen Dschungel genausowenig ausmalen wie die Verwüstungen in den Köpfen jener Zuschauer, die allen Ernstes zu glauben schienen, der ganze blutige Spaß finde ihretwegen statt. Und ich werde es auch nicht tun. Nicht vager Kulturpessimismus soll meinen Wochenendbummel beschließen, sondern statistisch abgesicherter Zivilisationsoptimismus:

»Zuschauerschwund bei Unterhaltung« meldet die ›Frankfurter Rundschau‹. Bei den Samstagabendsendungen der ARD betrug er 1980 immerhin vier Prozent im Vergleich zum Vorjahr.

»Junge Leute sehen weniger fern«, berichtet die ›Frankfurter Allgemeine‹. Daß sich der durchschnittliche Fernsehkonsum von zwei Stunden und fünf Minuten pro Tag und Bürger noch nicht verringert habe, liege an den Alten: »Sie verbringen immer mehr Zeit vor dem Bildschirm.«

Und so werden sie wohl irgendwann alle miteinander sanft entschlafen, das liebe Publikum vor und die Publikumslieblinge hinter den Geräten. Auf daß Sendezeit frei werde für irgendein anderes bewegtes Nichts.

(1981)

Wie lesen die Deutschen?

Anläßlich der letzten Buchmesse wurden sie wieder laut, die Klagen. Der Deutsche lese nicht mehr. Visuelle Medien hätten das Buch verdrängt. Das Verlagsgewerbe sei dabei, in eine schwere Krise zu geraten. Und so weiter und so fort ...

Dabei wird bei uns mehr denn je gelesen. Ich weiß das, da ich bereits seit Jahren — und nicht erst seit der letzten Buchmesse — das Leseverhalten der Deutschen erforsche. Der Deutsche liest, jawohl. Seltener allein, häufiger im Familienverband. Und auch die Deutsche würde viel häufiger zum Buch greifen, wären da nicht objektive Faktoren, die es ihr offensichtlich leider unmöglich machen — doch ich greife vor. Bevor ich die Ergebnisse meiner Untersuchung mitteile, sollte ich darlegen, auf welches Material sich diese Untersuchung stützt.

Ich fand es während der letzten zwei Jahre in meinem Briefkasten. Verlage schickten es mir frei Haus, in der Hoffnung, mich durch große bunte Zettel zum Kauf ihrer Bücher zu bewegen. Doch auf diesen Zetteln wurden nicht nur die Vorteile der angepriesenen Buchreihen erläutert, auf ihnen fanden sich auch unübersehbare Hinweise, wie der Besitzer der Bücher die Bücher zu nutzen habe. Diesen Bildbeispielen wiederum entnahm ich, daß den meisten Büchern tückische — tödliche? — Kräfte innewohnen, die besonders den Frauen gefährlich werden können, da die Frauen — doch ich greife ja schon wieder vor.

Zur Sache! In elf Lernschritten werde ich mein Material vor Ihnen ausbreiten. Bild um Bild wird es Sie immer tiefer in die geheimnisvolle, ja schreckenerregende Welt des Lesens einführen. Leserinnen, die mir auf dieser Expedition folgen wollen, bitte ich, sich zuvor eines männlichen Beistands zu vergewissern. Denn Leserinnen ... Doch genug der Vorgreiferei. Wie lesen die Deutschen denn nun eigentlich?

1. WIE LIEST DER ALLEINSTEHENDE DEUTSCHE?

Der alleinstehende Deutsche hat beim Versand ›Enzyklopädische Literatur‹ die ›Große Agatha-Christie-Sammlung‹ bestellt. Nun hat er die ersten zehn der insgesamt zwanzig Bände erhalten, das Kaminfeuer entzündet und einen Magentröster bereitgestellt. Gelassen greift er zum ersten Band und beginnt ihn eingedenk der Faustregel »Das Schwarze sind die Buchstaben«

Seite um Seite durchzulesen. So einfach kann Lesen sein. Ist es aber in der Regel nicht. Denn in der Regel hat der Deutsche Familie sowie ein Konversationslexikon.

2. WIE LIEST DER DEUTSCHE MIT FAMILIE MEYERS KONVERSATIONSLEXIKON?

Er liest erstmal gar nicht. Er stellt die acht Bände vorsichtig auf einen runden Tisch und schirmt die Familie durch gezieltes Buchgreifen ab. Er weiß, daß er ein »universales Wissensangebot« in Händen hält, er weiß aber auch, daß er die Seinen diesem Wissensangebot nicht ohne Vorbereitung aussetzen darf. Doch eines Tages wird ein Familienmitglied wissen wollen, was eigentlich »Patriarchat« bedeutet. Dann wird der Deutsche mit Familie und Lexikon wohl oder übel einen der Bände aufschlagen müssen.

3. WIE SCHLÄGT DER DEUTSCHE FAMILIENVATER EINEN DER BÄNDE AUF?

Ganz, ganz vorsichtig. Er hat zuvor dafür gesorgt, daß alle Notausgänge passierbar sind, daß die Familienmitglieder einen Sicherheitsabstand zum Buch wahren, daß sich vor allem niemand der Gefahr eines Haut-Buch-Kontaktes aussetzt. Nachdem alle Hände fest auf Hüften oder auf Paps plaziert sind, erteilt der Familienvater die erwünschte Information: »Patriarchat, das ... Erstens: Jurisdiktionsbereich eines Patriarchen ... Zweitens ...«

Doch eines Tages wird Paps nicht mehr sein. Dann wird ein anderer Muttchens Wissensdurst stillen müssen. Dafür braucht Paps einen eingearbeiteten Nachfolger. Und vor allem ein neues Lexikon.

4. WELCHES LEXIKON WÄHLT PAPS IN DIESEM FALL?

Er wählt den ›Großen Brockhaus‹ in zwanzig Bänden. Denn diese »Privatuniversität in Buchform« wird, anders als der ›Kleine Meyer‹, offenbar auch von männlichen Kindern gut vertragen. Natürlich wird Burschi die Bände nicht sogleich selber in die Hand nehmen dürfen. Am Anfang wird Paps noch

2

7 Bände
liegen bis
Ende 1980
vor!

MEYERS
NEUES
LEXIKON

4

Kinder
die Frage,
so große
elligenz
Sie
türe und
sind für
ch für
arakter

5

die in Wissenschaft u
leben eine Rolle spiele
hohen Stellenwert präz
haus-Information zu
wissen.

Denken Sie
an Ihre Kinde

Wissenschaftler u
ten die Frage, w
schon unter Kin
große Unterschiede
auf Intelligenz und L
schaft gibt. Und si
heraus, daß Kind
und Kinderspiele
scheidend sind fü
sche Leistungen u
für Intelligenz, F
und Charakter e
wachsenen.
Geben Sie Ihren Ki
Chance, sich schon
den Umgang mi
Brockhaus zu ge
Das formt sie in
scheidenden Lebe
und prägt wichtig
tensstrukturen für

6

Doppelseiten sieht LEBENDIGES

7

Mehr
Gesc

Es gibt k
Christe
Gesell
Bibel.
Andre
vielen Hä
Diese Bibel ist
eine moder
von heute u
dungen, oh
Hier liegt jetz
Fassung der
gleichlaute
Schrift für
auch die ü
Konfessio
Diese Bibel ist unvergleichlich aufschlußreich – was a
von 10 Bänden dokumentiert wird. Sie enthält zahlrei

den Buchhalter spielen und Sohnemann sich auf Fingerzeige beschränken müssen: » . . . Zweitens: Ersatzvaterwürde. Drittens . . .«

Und natürlich wird Muttchen weiterhin nur aus sicherer Entfernung auf das gefährliche Gedankengut plieren dürfen: »Drittens: Vaterherrschaft, Vaterrecht . . .« Doch schon nach drei, vier Wochen ist er bereits soweit.

5. WER IST BEREITS SOWEIT?

Burschi natürlich. Seht nur, wie er ganz alleine im ›Großen Brockhaus‹ blättert. Längst hat er bereits geklärt, was »Patriarchat« bedeutet, schon ist er über »Penis«, »Pollution« und »Präservativ« bei »Prostata« und »Prostitution« angelangt — doch über allem Stolz vergißt es Paps keinen Augenblick lang, Lieselott mit seines Rückens ganzer Breite von dem Buch fernzuhalten. Kein Wunder, daß Lieselott später einmal dauernd »Penis« und »Peanuts« verwechseln wird. Doch so war's schon immer, und so soll's auch bleiben. Hauptsache, der Mann ist gesund und die Frau hat Arbeit. Denn wie könnte sich die deutsche Familie sonst die ganzen Buchreihen leisten?

6. WELCHE BUCHREIHEN DENN NOCH?

Na — zum Beispiel die Reihe ›Lebendiges Wissen‹ die »ein Erlebnis für die ganze Familie« verspricht. Nicht ohne Grund. Denn erstmals wagt es Paps, wirklich die ganze Kleinfamilie um das Buch zu scharen: Burschi, der schon mal in den Einband kneifen darf, sowie Lieselott und Muttchen, deren beider Unterleib er diesmal von der Sesselrücklehne gepanzert weiß. Ein lebensnotwendiger Schutz — schließlich schaut Paps gerade im Band ›Die Welt der Pflanzen‹ nach, was eigentlich »Peanuts« sind. Doch gottlob muß er nicht bei allen Buchreihen derart aufpassen.

7. BEI WELCHEN DENN NICHT?

Nun — beispielsweise bei der zehnbändigen ›Bibel in Wort und Bild‹.

»Lasset die Kindlein zu mir kommen«, sagte schon der Herr Jesus. »Immer ran!« meint auch Paps und läßt Lieselott aus

nächster Nähe die mosaischen Reinlichkeitsgebote studieren:
»Wenn ein Weib ihres Leibes Blutfluß hat, die soll sieben Tage
unrein geachtet werden; wer sie anrührt, der wird unrein sein
bis auf den Abend. Und alles, worauf sie liegt, wird unrein sein,
und worauf sie sitzt . . .«

Also muß Muttchen weiterhin stehen. Aber es heißt ja auch
nicht: »Lasset die Muttchen zu mir kommen.« Und außerdem
scheint es in lesenden Familien normalerweise nur einen einzigen Stuhl zu geben. Kein Wunder, da ja das ganze Geld immer
für Buchreihen draufgeht und nun auch noch die zwölfbändige
›Weltgeschichte‹ bestellt wurde.

8. DIE WAS?

Die zwölfbändige ›Propyläen-Weltgeschichte‹, für die immerhin »Drei entscheidende Gründe« sprechen. »Erster Grund:
Golo Mann . . .« Erste Folge: ein derart harmloses Werk, daß
selbst Lieselott ungefährdet draufpatschen darf. Ja, selbst das
standhafte Muttchen kann sich der Weltgeschichte so weit
nähern, daß sie wenigstens etwas von den Bildern mitkriegt:
»Ach was — soo wurden im Mittelalter die Hexen gefoltert?«

An dieser Stelle wollen wir kurz das bisher Erfahrene überden-
ken und einige weiterführende Fragen aufwerfen. Wir wissen
nun, daß der sitzende Deutsche vorwiegend im Kreise der
Familie liest, wobei er strikt darauf achtet, daß die stehende
Deutsche nicht mit dem Buch in Berührung kommt. Tut er das
aus böser Absicht? Gilt dieses Berührungsverbot für alle
Bücher? Und für alle Kulturen? Wie liest eigentlich der
Fremde?

EXKURS: WIE LIEST DER FREMDE?

Gegenfrage: Kann man das überhaupt »Lesen« nennen? Diese
ungute Hektik, mit der der undeutsche Fremde einsam seine
Buchrolle verschlingt, um möglichst schnell herauszukriegen,
wer der Mörder ist?

Nein — bleiben wir im Lande. Wiederholen wir die Frage,
ob der deutsche Mann die deutsche Frau aus Mutwillen vom
Buche fernhält oder deswegen, weil er weiß, daß der weibliche

8A

8B

9

10

11A

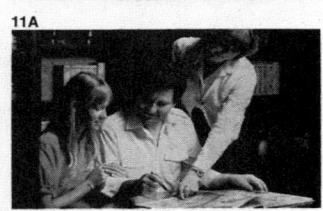

11B

11C

Organismus einer undosierten Bestrahlung durch hochgradig aufgeladene Wissenspartikel nicht gewachsen ist? Die Antwort können uns nur weitere Tatsachen geben. Und die sprechen eine deutliche Sprache.

9. WELCHE SPRACHE DENN?

Die Sprache der Fakten. An die Schallplattenbegleithefte der ›Franklin Mint Record Society‹ beispielsweise kann Paps das Muttchen ganz nah ranlassen. Sie darf sich dabei sogar setzen, die Gute. Zwar wäre eine Buchberührung immer noch zu gefährlich, doch morgen schon — das hat ihr Paps fest versprochen — wird Muttchen das erste Mal ein Buch anfassen dürfen. Und zwar im Freien.

10. WIESO DENN IM FREIEN?

Weil Bücher im Freien nach allen Seiten hin abstrahlen, was die Strahlungsqualität erheblich neutralisiert, wenn Sie verstehen, was ich meine. Nein? Sagen wir es so: Weil das ›Aral-Auto-Reisebuch‹ »3289 Freizeit-Ideen in einem Band« enthält, und weil Freizeit und Konsum jene Wissensgebiete sind, die selbst das buchanfälligste Muttchen mit etwas Übung in den Griff kriegen kann. Ein Glück, daß ihr mit Paps ein geduldiger Helfer auf dem Weg zum Buch zur Seite steht.

11. WELCHEN WEG WÄHLT DER GEDULDIGE PAPS?

Nachdem Muttchen den Handrücken-Reisebuch-Kontakt ohne Nachfolgeschäden überstanden hat, wird Paps es ihr gestatten, die ganze Handfläche auf das ›Wohnbuch von hülsta‹ zu legen. Ging auch das gut, wird Paps einen Reihenversuch starten: Er läßt Muttchen, Lieselott und seine Freundin gleichzeitig den ›Otto-Katalog‹ anfassen. Und erst, wenn auch dieses Experiment geklappt hat, ist es endlich soweit:

Muttchen hält das erste Mal in ihrem Leben selber ein Buch in der Hand! Hei, wie sich da der hilfreiche Paps sowie Burschi, Lieselott und Omi (als Gast) freuen! Doch in die Freude mischt sich ein Wermutstropfen. Obwohl er »tausend interessante Geschenk-Ideen« enthält, ist der ›Bader-Katalog‹ dennoch kein ganz richtiges Buch. Wird die deutsche Frau denn niemals . . .?

Doch, doch:

Jawohl! Auch die deutsche Frau darf ohne Furcht zu einem allerdings leichteren Buch greifen, wenn sie zuvor in den strahlensicheren ›Kuschelsack‹ der Firma Quelle geschlüpft ist. Eine Erfindung, von der übrigens auch Paps profitieren kann. Der nämlich will nach all den Lexika, Weltgeschichten, Bibeln und den übrigen weiterbildenden Druckwerken auch mal was fürs Herz lesen. Etwas, das ihn seelisch stärkt und körperlich aufrichtet, den ›Playboy‹ zum Beispiel.

Doch schon Dante kannte die Gefahren aufreizender Lektüre. »An diesem Tage lasen sie nicht weiter«, sagt er von Paolo und Francesca, jenem verbuhlten Paar, das zur Strafe für das, was es statt des Lesens trieb, in die Hölle kam. Mit Kuschelsack wäre das nicht passiert:

Doch zurück zur eingangs gestellten Frage: Wie lesen die Deutschen? Nun — das habe ich Ihnen doch soeben in elf Lernschritten vor Augen geführt! Was soll diese Frage? Was haben Sie eigentlich die ganze Zeit über gemacht? Marsch in die Kuschelsäcke! Und dann wird der ganze Aufsatz noch einmal gelesen. Und zwar richtig!   (1981)

Des Pöbels Kern

Um es gleich zu sagen: Steine habe ich nicht geschmissen. Auch keine Stinkbomben oder Kanonenschläge. Doch ich war einer der »rund vierhundert Punker und Rocker« (Bild), nein, einer der »etwa achthundert Krakeeler« (Frankfurter Allgemeine Zeitung), nein, einer der »weit mehr als tausend Menschen« (Neue Presse), nein, einer der »etwa 1500 Zuschauer« (Frankfurter Rundschau), die hinter der Absperrung standen, als die etwa 2600 festlich gekleideten Gäste des ›Ersten Internationalen Frankfurter Opernballs‹ ihren Gang vom Autohalteplatz zum Portal des feenhaft erleuchteten Gebäudes antraten. Vierzig Meter nur, doch werden diese vierzig Meter manchem der Schönen und Reichen schier endlos vorgekommen sein. Waren sie doch »eine Zone der Häme, der Infragestellung« (Frankfurter Rundschau), warteten da doch »Zaungäste auf die Festgäste, um sie zu beschimpfen« (Neue Presse), wurde doch der »Weg zum Opernhaus zu einem regelrechten Spießrutenlaufen« (Bild), »tobte« doch »im dunklen Kreis vor der Absperrung das Geschrei der Hölle« (FAZ). Und wer war daran schuld? Die Häßlichen und Besitzlosen: »Neider« (Frankfurter Rundschau), »gewalttätige Demonstranten« (Abendpost), »gewalttätige Chaoten« (Bild), »heulende Derwische« (FAZ), »150 bis 200 Personen der Szene, die als Krawallmacher bekannt sind« (ein Polizeisprecher) — mit einem Wort: der Pöbel. Und ich, schlimm, schlimm, immer mittenmang. Fühlte mich, schlimmer noch, unter diesen Säuen ganz kannibalisch wohl, obwohl ich doch eigentlich nur einen Freund hatte treffen und dann unverzüglich ein Wirtshaus aufsuchen wollen.

Was bewog mich zu bleiben, frage ich rückblickend. Wieso nahm ich geschlagene anderthalb Stunden an diesem nichtsnutzigen Spektakel teil? Trotz der Kälte, des Hungers und des sich ständig mehrenden Polizeiaufgebots?

Schaulust, belüge ich mich. Schließlich sieht man so etwas nicht alle Tage: Zylinder, Roben, Ausgeh-Uniformen, einen britischen Prinzgemahl gar. Als ob ich mich je für diesen Tinnef interessiert hätte.

Kritische Zeugenschaft, versuche ich mir weiszumachen. Man wird doch wohl noch wissen dürfen, wie das Gesicht dieser herrschenden Klasse aussieht, die locker 300 Mark Eintritt und 250 Mark für den Sitzplatz löhnt, um mitten in Frankfurt vor aller Augen den ergaunerten Mehrwert auf den Kopf zu hauen. Als ob nicht jedes Bankgebäude der Stadt eine deutlichere Sprache redete.

Nein, es war das ganz und gar pöbelhafte Benehmen des Pöbels, das mich zum Bleiben bewog. Nicht die in allen Blättern kolportierten Steinwürfe — ich sah keine — oder die Kanonenschläge — ich hörte nur einen — machten das Gaffen so unterhaltsam, sondern all der Lärm und all das Geräusch, das der Pöbel nach altehrwürdiger Pöbelmanier produzierte: »Pfeifkonzerte«, »Gejohle« und »Schmährufe«. Wobei sich der Pöbel, Gott sei's geklagt, im Laufe des Abends deutlich steigerte. Noch um halb acht, als Prinz Philip vorfuhr, konnte man ihn eigentlich kaum als richtigen Pöbel bezeichnen, da glich die Geräuschkulisse noch sehr der eines ganz beliebigen Fußballplatzes: Trillerpfeifen und Buhrufe. Doch je später der Abend, je zahlreicher und strahlender die Gäste, desto schmutziger, bilderbuchhafter und festumrissener formte sich die Menge der einzelnen Schaulustigen zur Masse des Pöbels, der offensichtlich zusehends darauf aus war, seinem Namen alle Ehre zu machen.

»Es liebt die Welt, das Strahlende zu schwärzen —«, wohl wahr. Rudel schwarzgekleideter Herren — schließlich war Frack angesagt — wurden mit dem Ruf »Schwarzer Block, Schwarzer Block« begrüßt. Schönen und schön dekolletierten Frauen wurde ein ganz unpassendes »Peepshow, Peepshow« entgegengerufen. Eilte, was häufiger vorkam, ein Mann mit zwei Frauen auf die Oper zu, brachte der Pöbel diesen Vorgang auf die äußerst gemeine Formel »Dreierbob, Dreierbob«. Alles im Chor, wohlgemerkt, durchsetzt von pöbelhaften Einzelrufen wie »Hand vom Sack« — wenn da ein unschuldiger Gast die Hand in der Hosentasche verbarg, »Versager« — wenn da ein Mann ganz ohne Frau den Festplatz ansteuerte, »Gradehalten« — wenn sich da einer nicht gradehielt.

» — und das Erhabne in den Staub zu ziehen«, leider, leider.

»Amis raus aus El Salvador und der Oper« — diese äußerst unrhythmische Aufforderung mag einer der zahlreichen amerikanischen Militärs in Gala-Uniform vielleicht gerade noch begriffen haben. Was aber sollte er mit dem sehr viel flüssigeren Sprechchor »Geht doch alle rüber!« anfangen? Der Pöbel jedoch schrie's und amüsierte sich königlich. »Das ist euer letzter Ball!« — schierer Voluntarismus, gewiß, doch immerhin eine einigermaßen deutliche Aussage. Auch deutlich einzuordnen: So spricht der Systemveränderer. Viel schreckerregender aber wirkten offensichtlich so rätselhafte Sprüche wie »Ausziehn, Ausziehn« oder »Liften, Liften« oder auch »Schneller, Schneller, Schneller«. Da konnte es schon passieren, daß Gäste wirklich schneller dem rettenden Portal zustrebten, daß ein Schuh hängenblieb oder ein Zylinder herabfiel — man erspare es mir, das jeweilige »Freudengeheul« des Pöbels zu schildern. Es war schrecklich. Schrecklich mitreißend.

Seit jenem Abend bin ich gegen Opernbälle. Der Auftrieb der Feinen schweißt die Unfeinen zusammen. Hohe Eintrittspreise wecken niedrigste Instinkte. Glanz erst läßt die Finsteren ihrer ganzen Finsterkeit innewerden. Und sie haben auch noch Spaß dabei!

Denn in einem Punkt sollte sich niemand etwas vormachen: Neider waren das nicht, die da pöbelten. Die wären den Reichen nicht für Geld in die Oper gefolgt. Wo es übrigens, glaubt man der FAZ, fix dröge zugegangen sein muß: »Viele Gäste waren noch Stunden nach Beginn des Festes über die Vorfälle empört, die eine den Ball verachtende schreiende Minderheit verursacht hatte« — wenn die kein anderes Gesprächsthema gehabt haben!

Während der Pöbel mal wieder kostenlos voll auf seine Kosten kam. Da war hinterher keiner empört, glaube ich. Die kommen das nächste Mal alle wieder, fürchte ich. Denen sollte man das Handwerk legen, empfehle ich. Mein Rat: Macht euren Opernball irgendwo, wo es nicht so auffällt. Aber doch nicht ausgerechnet in der Oper!

(1982)

Mit Humor geht alles besser —
auch das Ausländervergraulen

Vier von fünf Bürgern der Bundesrepublik sind laut Allensbach der Meinung, daß bei uns zu viele Ausländer wohnen.

Ihr Kanzler ist der gleichen Auffassung: »Es war ein Fehler, so viele Ausländer ins Land zu lassen.«

Das Bundeskabinett handelte: Einstimmig beschloß es Empfehlungen an die Bundesländer, die den weiteren Zuzug von Familienangehörigen der hier bereits lebenden Ausländer drosseln sollen.

Der Bundesbürger jedoch beschränkt sich darauf herumzumaulen, anstatt selber etwas gegen die unerwünschten Mitbürger zu tun. Dabei könnte auch er ihnen zu verstehen geben, daß unsere Wirtschaft sie nicht mehr in dem Maße braucht wie bisher.

Nicht mit ausländerfeindlichen Parolen oder Taten — die heben wir uns mal lieber für später auf —, nein, mit der Waffe des Humors sollte jeder von uns dort gegen die Ausländerflut ankämpfen, wo er mit ihr konfrontiert wird.

Wie das gemacht wird, zeigt Paul Päng.

*»Können Sie mir mal fünf Mark leihen, schöne Frau?
Sie haben doch heut' die Pumphosen an!«*

»Jawohl, Herr Bimbo, wir haben eine Arbeit für Sie — als Schwarzfahrer!«

»Sagen Sie mal, wie kommen Sie eigentlich dazu, uns unseren Müll wegzunehmen?«

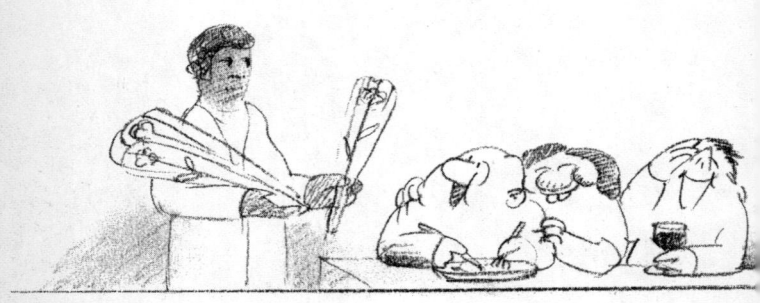

»Na? Mal wieder Rupfi-Rupfi macht?«

»Jawohl! Hört endlich auf zu hetzen, ihr Ausländer!«

»Kümmeltürken, wo man hinguckt, Kümmeltürken — langsam komme ich mir hier
vor wie in Istanbul!« — »Wir sind hier in Istanbul, Karl-Heinz!«

(1982)

Und ewig summen die Ständer

Ein Hinweis vorweg: Dies ist kein satirischer Beitrag. Satire antwortet auf bedrängende Fragen. Mit der Fackel des Witzes erhellt sie die uns umgebenden Dunkelheiten. Ich aber habe keine Antworten parat. Ich bin selber ein Fragender. Richtiger: ein von dunklen Fragen Bedrängter. Sie überfallen mich geradezu, kaum daß ich aus dem Hause trete und mein Blick auf die Plakate des gegenüberliegenden Bauzaunes fällt. Oder wenn ich zu Hause bleibe und eine beliebige Zeitschrift aufschlage. Ja, selbst wenn ich in einem der so überaus neutral versandten Prospekte blättere . . .

Irgend etwas stimmt nicht mehr, ahne ich. Irgend etwas, das uns alle angeht: die Frauen, die Männer, uns Frauen und Männer. Aber dürfen wir denn noch von Frauen *und* Männern sprechen? Haben die beiden Geschlechter überhaupt noch etwas miteinander zu tun? Seltsame Frage? O ja. So seltsam wie unabweisbar. Doch vorerst genug der Fragen. Sie werden, so vermute ich, sich von selbst wieder einstellen. Ich aber möchte diese Betrachtung mit einigen Feststellungen beginnen.

Ich stelle fest, daß die Männer nicht mehr zu halten sind. Jedes Fortbewegungsmittel scheint ihnen recht zu sein. Hauptsache, es trägt sie weit, weit fort.
Der REVAL-Mann besteigt den Hundeschlitten, gleich wird die Meute mit ihm über das Packeis jagen.

Wie ein Wilder paddelt der WINSTON-Mann durch noch wildere Wildwasser.

Der CAMEL-Mann läßt sich von seinem Einbaum in immer verschattetere Dschungel tragen.

Zu Fuß schleppt sich der WEST-Mann das endlose Band der Landstraße entlang.

Der MARLBORO-Mann gibt seinem Roß die Sporen, daß es nur so staubt ...

. . . was treiben alle diese Männer? Besser: Was treibt sie an? Wohin treibt es sie? Sind das noch Reisende? Nicht eher Flüchtende? Doch wovor flüchten sie? Und warum sind sie alle so alleine? Ich will versuchen, das Schicksal eines dieser Männer zu rekonstruieren. Ich wählte den MARLBORO-Mann, da ich ihn am besten kenne. Und am längsten . . .

Vor fünfzehn Jahren, da stand er noch mitten im Leben. Wurde von seiner Sekretärin vergöttert, seiner Geliebten geliebt und seiner Frau verwöhnt. Da war er noch Herr über Mädchen, Märkte und Moneten. Wann zeigten sich die ersten Risse in seinem Imperium? Als er, spät abends heimkehrend, seine Frau das erstemal im Beate-Uhse-Katalog blättern sah?

Als sie ihre erste Bestellung aufgab?

Über die WUNDERBANANE zu 4 Mark 90 mag der MARLBORO-Mann noch gelacht haben: Ha ha ha! Da hatte er doch was wesentlich Besseres anzubieten. Und auch die

ORGASMUSKUGELN, die er einige Wochen später auf dem Nachttisch seiner Frau fand, werden ihm wohl nur ein Lächeln abgenötigt haben. Vielleicht sogar ein Lächeln des Stolzes, wußte er doch aus der einschlägigen Literatur, daß das Training gewisser weiblicher Muskeln durchaus auch der beiderseitigen Freude dienlich sein konnte. Und was war der

RUBBELFINGER, den der Postbote mit derselben Lieferung gebracht hatte, anderes als ein liebenswerter Scherzartikel? Schmunzelnd wandte sich der MARLBORO-Mann wieder seinen Geschäftsunterlagen zu, die er — Termine, Termine! — nach Arbeitsschluß noch mit nach Hause genommen hatte. Aber hatte er den bald darauf georderten

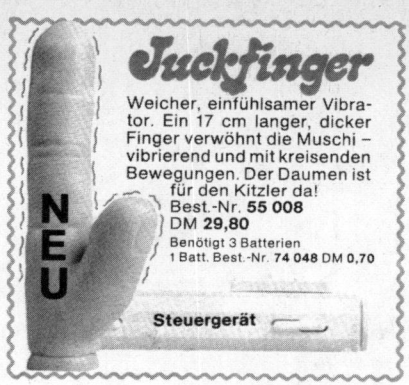

Juckfinger

Weicher, einfühlsamer Vibrator. Ein 17 cm langer, dicker Finger verwöhnt die Muschi – vibrierend und mit kreisenden Bewegungen. Der Daumen ist für den Kitzler da!

Best.-Nr. 55 008
DM 29,80
Benötigt 3 Batterien
1 Batt. Best.-Nr. 74 048 DM 0,70

NEU

Steuergerät

JUCKFINGER ebenso gelassen zur Kenntnis genommen? Oder weckten dessen 17 cm und die 3 Batterien erste Bedenken, Befürchtungen gar, die selbst die einigermaßen ulkige Formgebung nicht zerstreuen konnte? Schreckte er erst beim

Achtung! Sonderangebot!

Weich und griffig!

Natur-Vibrator

Der streichelweiche Natur-Vibrator schenkt beiden Partnern lustvolle Ekstasen. Er ist 18 cm lang, und die Stärke der Vibration ist stufenlos regulierbar.
Best.-Nr. 63 189
DM 19,80

Bully

Starker, dicker Gummi-Vibrator mit kräftigen Reiznoppen. 23 cm lang, 5 cm Durchmesser Kompl. m. Batt. Best.-Nr. 63 1876
DM 49,50

NATUR-VIBRATOR auf — 18 cm lang und stufenlos regulierbar? Oder am Tag, als der BULLY kam? Ließen ihn dessen 23 cm und — vor allem — die »kräftigen Reiznoppen« erstmals prüfend an sich herabblicken? Kein Zweifel — mit Reiznoppen konnte er nicht dienen. Die fehlten ganz einfach. Was hatte sich Mutter Natur dabei eigentlich gedacht? Die Techniker bei Beate Uhse dagegen schienen vor Einfällen geradezu überzuschäumen. Die ruhten sich nicht einmal auf den Lorbeeren des

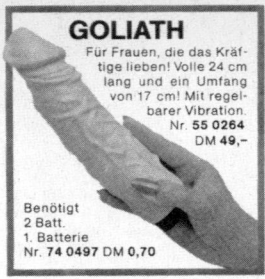

GOLIATH

Für Frauen, die das Kräftige lieben! Volle 24 cm lang und ein Umfang von 17 cm! Mit regelbarer Vibration.
Nr. 55 0264
DM 49,–

Benötigt
2 Batt.
1. Batterie
Nr. 74 0497 DM 0,70

GOLIATH und seinen »vollen 24 cm« aus. Die schickten immer erregendere Kreationen hinterher, die mit immer unschlagbareren Extras aufwarteten. Wer es mit

Big Bonker
mit Vorhaut

Der Vibrator mit der besonderen Lust-Variation für Genießer! Nur **Big Bonker** hat eine Vorhaut, die hin und her rutschen kann und dadurch unbeschreibliche Lustgefühle erzeugt! Mit regelbarer Vibration.
Best.-Nr. 55 0132   DM 39,80
Benötigt 2 Batterien, 1 Batterie
Best.-Nr. 74 0497   DM 0,70

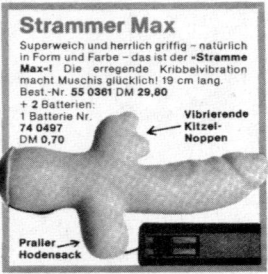

Strammer Max

Superweich und herrlich griffig – natürlich in Form und Farbe – das ist der »**Stramme Max**«! Die erregende Kribbelvibration macht Muschis glücklich! 19 cm lang.
Best.-Nr. 55 0361 DM 29,80
+ 2 Batterien:
1 Batterie Nr.
74 0497
DM 0,70

Vibrierende Kitzel-Noppen →

← Praller Hodensack

BIG BONKER »mit Vorhaut« noch einigermaßen aufnehmen konnte, der mußte spätestens beim STRAMMEN MAX und seinen »vibrierenden Kitzelnoppen« die Waffen strecken. Den völligen elektrosexuellen K.o. aber besiegelte der

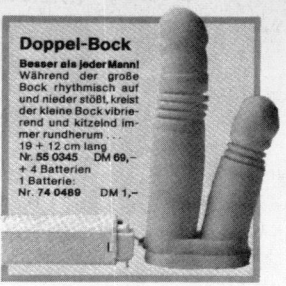

DOPPELBOCK, der erstmals das offen aussprach, was schon längst auf und in der Hand lag: »Besser als jeder Mann.« Auch besser als jeder MARLBORO-Mann? Noch will der nicht wahrhaben, wie gänzlich überflüssig er geworden ist. »Liebst du mich?« fragt er seine Geliebte. »Nein, ich liebe IHN«, antwortet sie kühl, und ER ist natürlich

der LUSTSTÄNDER mit Haftsauger, dem freilich seit geraumer Zeit SIE Konkurrenz macht, die LUSTKUPPEL für jetzt nur DM 99,–.

»Ich habe eine Überraschung für Sie«, sagt er seiner Sekretärin gleisnerisch, »Sie dürfen mich auf einer Geschäftsreise nach Paris begleiten!« — »Fein!« ruft sie aus. »Ich muß nur noch mein

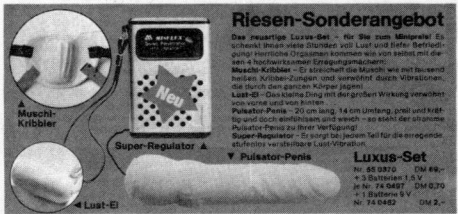

RIESEN-SONDERANGEBOT einpacken, und schon bin ich reisefertig!«

»Närrin!« mag der MARLBORO-Mann da noch gemurmelt und geschmeichelt an preiswert erstandene schicke Kleidung oder gar an eine ihm zugedachte kleine Aufmerksamkeit gedacht haben. Um so schrecklicher dann das Erwachen in Paris. Als er zu später Stunde, ein Fläschchen Schampus in Händen, ans Hotelzimmer der Sekretärin klopfte ... Als er, da sie nicht antwortete, schließlich unaufgefordert eintrat ... Als er sie total verkabelt auf dem roten Bett der batteriebetriebenen Lust fand ...

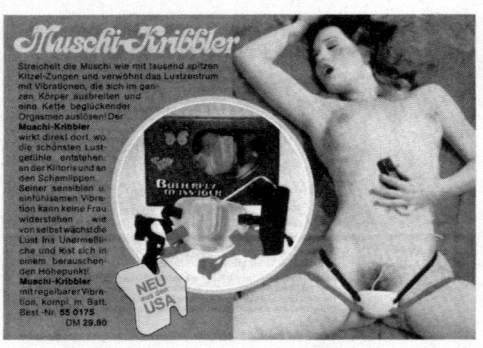

War das der Moment, in dem er alle Brücken hinter sich abbrach? Ausstieg? In menschenleere Wildnis floh? Wohin ihm dann in kurzen Abständen die Leidensgenossen folgten, der CAMEL-Mann, der REVAL-Mann, der WINSTON-Mann, der WEST-Mann ... War es so?

Oder war es vielleicht ganz anders gewesen? Hatten alle diese Männer aus ganz anderen Gründen die Flucht ergriffen — wegen der Kompliziertheit des modernen Lebens überhaupt? Der Selbstentfremdung? Der Nachrüstung? Und hatten die zurückgelassenen Frauen daraufhin erst zu den Katalogen gegriffen? Und nicht nur zu den Katalogen?

Ich lasse die Fragen im Raum stehen, da ich mit einigen Feststellungen schließen möchte:

Es ist Abend geworden. Die Männer haben alle ein Versteck gefunden, in dem sie sich sicher fühlen können.

Der REVAL-Mann sitzt im Unterholz, sein treuer Hund wacht darüber, daß sich keine ungebetene Frau nähert.

Der WINSTON-Mann ist auf den höchsten Berg gekrabbelt.

Der CAMEL-Mann hat seine Hängematte dort aufgehängt, wo er sie mit Sicherheit mit niemandem teilen muß.

Prüfend wiegt der MARLBORO-Mann einen glühenden Knüppel in der Hand. Gut gegen Wölfe. Und nicht nur gegen die . . .

Nur der WEST-Mann ist nicht allein. Jemand scheint ihn mitgenommen zu haben, versonnen schauen beide in die abendliche Landschaft. So weit das Auge reicht: kein Haus, kein anderer Mann, keine Frau. Und doch ein irgendwie tröstliches Bild.

Vielleicht stehen die beiden am Beginn einer wunderbaren Freundschaft, wer weiß. Einer Männerfreundschaft, gewiß. Aber doch ein Schritt auf dem Weg zum Du. Ob der zum Wir folgt? Gar der zum anderen Geschlecht? Wer wird sich als stärker erweisen: der unverstellte Ruf des menschlichen Herzens oder das gedämpfte Summen der Vibratoren?

Nacht senkt sich über Männer und Frauen. Wird für sie jemals wieder die Sonne aufgehen?

(1982)

Zwanzig ›Briefe an die Leser‹

GOTT ZUM GRUSS, LIEBES BAUDEZERNAT DER NORDELBISCHEN EVANGELISCHEN KIRCHEN,

mit Bestürzung lasen wir, daß ihr, liebe Brüder, ständig höhere Summen für die Instandhaltung schlampig gebauter Kirchen aus den 50er Jahren ausgeben müßt — 1979 bereits etwa 25 Millionen Mark, mehr als ein Drittel eurer gesamten Bauausgaben. Haltet ein, Brüder! Lasset ab von der Renovierung verzogener Fenster, wasserdurchlässiger Flachdächer und abbröckelnder Sichtbetontürme. Sinket vielmehr mit uns auf die Knie und preiset den Herrn, der offenbar in seiner unbegreiflichen Güte gewillt ist, die Scheußlichkeiten, die ihr vor zwanzig Jahren in die Welt gesetzt habt, wieder zu Staub zu machen. Das aber habet zum Zeichen: So ihr weiter fortfahret, mit eurem Geld nichts Gescheiteres anzustellen, als eure Bausünden zu renovieren, so wird der Herr eure Kassen völlig leeren. Auf daß das Wort der Schrift erfüllt werde, das da sagt: Ihr sollt eurem Gott keine Garagen, Eierkartons, Betonnadeln und ähnlichen Unfug bauen, denn sie gefallen UNS nicht.

Also hört auf UNS.

EURE Titanic

LIEBER WOLFGANG MISCHNICK,

da es Ihnen ja sonst niemand sagt, müssen wir es mal tun: Sie sind ein ganz toller Redner. Auch das, was Sie während der Aussprache zur Regierungserklärung sagten, hat bei vielen Redaktionsmitgliedern einen echten Umdenkungsprozeß bewirkt. Da gab es unter uns doch gar manche, die der FDP unterstellten, sie sei dagegen, Probleme offen zu diskutieren, und dafür, Angst demagogisch auszunützen. Auch behaupteten diese Schwarzseher, die FDP wolle bei den anstehenden politischen Entscheidungen auf gar keinen Fall Besonnenheit walten lassen — Sie können sich gar nicht vorstellen, mit welcher Erleichterung wir daher alle Ihre Worte hörten: »Wir sind dafür, Probleme offen zu diskutieren, aber wir sind dagegen, wenn Angst demagogisch ausgenützt wird. Lassen wir bei den

anstehenden politischen Entscheidungen Besonnenheit walten . . .« Gut kam auch Ihr Satz an: »Die Völker dieser Welt
wollen Frieden« — wir haben uns alle umarmt und getanzt und
gelacht und durcheinandergerufen: »So ist es also wahr?! Und
wir hatten immer vermutet, die Völker dieser Welt wollen
Krieg . . .« Ihre Rede hatte viele Höhepunkte dieser Art, war
recht eigentlich ein einziger Höhepunkt, dafür gebührt Ihnen
Dank.

Nur: Wie schreibt man so etwas hin, ohne daß einem unverzüglich der Arm einschläft? Das Hirn abstirbt? Der Kopf run-
terfällt?
Verraten Sie es uns?

Ihre Titanic

LIEBER ECKART WITZIGMANN,
daß der ›Guide Michelin‹ Ihrer ›Aubergine‹ als erstem deutschen Lokal drei Sterne verliehen hat — prima!

Daß 26 Ihrer ehemaligen Schüler Ihnen und ausgewählten
Gästen aus diesem Anlaß ein Festessen im Wiesbadener Hotel
›Nassauer Hof‹ bereiteten — toll!

Daß das Ganze den Sponsor Paul Alfons Fürst von Metter-
nich 50 000 Eier kostete — Spitze!

Daß der ›Steinbutt auf Kressepüree mit weißer Soße‹ einen
Sonderapplaus bekam — wir lasen es im ›Rheinischen Mer-
kur‹ — Klasse!

Doch was Rudolf Katzenberger, der Spitzengastronom vom
›Adler‹ in Rastatt, zu diesem Steinbutt sagte — Wahnsinn! Da
behauptete dieser saubere Vertreter Ihrer Zunft doch allen
Ernstes: »Dieser Steinbutt ist mit der Stoppuhr gedämpft —
drei Sekunden länger, und er wäre nicht mehr Weltklasse.«

Ein von Hand gestoppter Steinbutt — wir trauten unseren
Augen nicht! Zustände wie bei der Kocholympiade von Gar-
misch-Partenkirchen! Nein, nein: Nur die elektronisch gestopp-
te Dämpfung garantiert wirkliche Weltklasse-Steinbutts — zwei
hundertstel Sekunden zu lange gedämpft, und der Fisch ist
nichts als ein Stück Scheiße.

Können Sie das bei Gelegenheit Ihren Ex-Schülern hinter die
Kochlöffel schreiben?

Ihre Titanic

der W. Schlafhorst & Co. Maschinenfabrik in Mönchengladbach, der Firmen Gebrüder Sucker und Franz Müller, der Firma Reiners + Fürst, der Chem. Fabrik Rhenus sowie weiterer Unternehmen,

als Ihr Chef und Firmengründer Walter Reiners unlängst starb, konnten Sie den zahlreichen Todesanzeigen entnehmen, daß er ein »Unternehmer von Geblüt, Gespür und Rang« war, der »buchstäblich aus Schutt und Asche Schlafhorst den heutigen Rang erkämpft« hat — offensichtlich alleine, denn von Ihnen ist in keiner Anzeige die Rede.

Doch eine dieser Anzeigen war mit einem Spruch überschrieben, der auch Sie, liebe Arbeiter, interessieren dürfte: »Aber alles Abwesende ist nur eine andere Form des Anwesenden.« Da es auf Sie eh nicht anzukommen scheint, können Sie ja ebensogut zu Hause bleiben, anstatt Ihre Chefs beim weiteren Aufbau des Betriebes zu stören. Fragt aber der neue Chef, wo Sie bleiben, so entgegnen Sie einfach in freundlichem Ton: »Na, Sie wissen doch: Alles Abwesende ist nur eine andere Form des Anwesenden.« Ein Spruch, der übrigens auch bei Streiks sehr einleuchten dürfte. Das jedenfalls findet

Ihre Titanic

ADELBERT WEINSTEIN,
in der FAZ kritisieren Sie den iranisch-irakischen Konflikt: »Diese militärischen Handlungen kann man kaum als Krieg ansprechen. Hier schlagen modern ausgerüstete orientalische Heere sinnlos aufeinander ein.« Die Leidtragenden aber sind mal wieder die armen Panzer: »Die Panzer der Perser, britische Chieftain-Kampfwagen, sind gut. Doch sie verlangen Pflege, die ihnen ihre Besatzungen nicht gönnen. Also bleiben sie vielfach auf der Strecke« — anstatt schneidig vorzustoßen und möglichst viele andere Panzer und Menschen zur Strecke zu bringen. Gute europäische Panzer in den Händen böser Orientalen — ja, da muß sich einem doch ganz einfach das Hirn zusammenkrampfen. Vorausgesetzt, man hat eins. Daran aber zweifelt, speziell in Ihrem Falle,

Ihre Titanic

BERLINER MORGENPOST!

Sie schreiben zu Brokdorf: »Wenn einige Politiker und Medien-Kommandeure meinen, der Verlauf des Brokdorf-Wochenendes biete Anlaß zur Zufriedenheit, dann müssen sie sich fragen lassen, ob über 100 zum Teil schwerverletzte Polizisten, zahlreiche blessierte Demonstranten ... wirklich Anlaß zur Genugtuung sein können.«

Blöde Frage. Aber die Unterscheidung zwischen Menschen und Marschierern, die haben Sie mal wieder fein hingekriegt. Menschen kann man zählen, Marschierer sind bestenfalls zahlreich. Menschen können in unterschiedlicher Weise verletzt werden, sogar schwer; der Marschierer trägt selbst im schlimmsten Falle lediglich Blessuren davon. Soll bloß nicht rumjammern wegen der paar Kratzer. Gibt sonst noch eins auf die Rübe. Und noch eins. Und so weiter, bis zur finalen Blessur. So seht ihr's doch, schwerverhetzte Springer-Schreiber. Und so wird's auch kommen. Schreibt nur so weiter.

Titanic

LIEBE FREIBURGER!

»Was soll aus Freiburg werden?« fragte der Freiburger Stadtrat Dr. Friedrich Simon im ›Freiburger Wochenbericht‹, und langsam beginnen auch wir uns für diese Frage zu interessieren. Bei Euch müssen ja schlimme Zustände herrschen: »Freiburg gerät in Gefahr, gerade für die ältere Generation ein Alptraum zu werden«, schreibt Simon, und er nennt auch die Ursache: »Freiburg, das wie keine zweite Stadt ähnlicher Größe und Bedeutung Kunst und Kultur pflegt, in der ein Dietrich Fischer-Dieskau seine unvergessene erste Frau gefunden und ein Fritz Wunderlich seine Gesangsausbildung erfahren hat, wird von einer alternativen Kulturszene überschattet ...«

Überschattete Freiburger! So kann das mit Freiburg nicht weitergehen! Die Kunst- und Kulturstadt, in der ein F. K. Waechter zweimal durch die Fahrprüfung fiel, in der ein Robert Gernhardt die unvergeßlichen Worte »Nochmal dasselbe« aussprach, darf nicht im Würgegriff alternativer Schwarzwaldhofchaoten ersticken! Tut sie natürlich auch nicht. Euch schützt ja seit Wochen ein massives Polizeiaufgebot, das am Tag so an die

750 000 Emmchen kostet, und ihr, behütete Freiburger! seid aufgefordert, euch dankbar zu erweisen: »Etwa mit Kuchen, mit alkoholfreien Getränken oder mit Schokolade. In der Tat wäre es gar nicht schwer, an den Absperrposten am Schwarzwaldhof etwas abzugeben.«

Brave Freiburger! Diese Anregung fiel auf fruchtbaren Boden: »In der Landespolizeidirektion wird berichtet, daß Beamten Obst und Getränke gebracht werden«, meldet die ›Badische Zeitung‹, und die CDU rief die Bevölkerung überdies dazu auf, »durch Geldspenden ihre Verbundenheit mit der Polizei zum Ausdruck zu bringen«.

Verbindliche Freiburger! Bei so viel Verbundenheit wollte sich auch die Polizei etwas einfallen lassen: »In baden-württembergischen Polizeikreisen wird darüber nachgedacht, ob langwirkende chemische Stinkbomben die Besetzung leerstehender Häuser verhindern könnten ... Die Chemikalie wird möglicherweise im Schwarzwaldhof in Freiburg versprüht werden.«

Glückliche Freiburger! Polizeikultur und Ausräucherkunst werden mit den Schatten Eurer Alternativszene aufräumen, und wenn erstmal all Eure leerstehenden Häuser im Wortsinne gen Himmel stinken, dann werdet Ihr jauchzend zur Bullenfütterung ausziehen und — aber nein! Noch glauben wir, daß all der zitierte Schwachsinn nur das Lebensgefühl einer kleinen debilen Minderheit ausdrückt. Daß die Masse der anständigen Freiburger nichts mit ihr zu schaffen haben will. Freiburger! Ist es so? Auf eine Antwort wartet

Titanic

JUBILIERENDER ROLF HOCHHUTH,
schier fünfzig Jahre sind Sie alt; der Rowohlt- wie der Kindler-Verlag brachten aus diesem Anlaß Bücher heraus, die Ihr Wirken und Ihre Wirkung würdigen, als »Moralist, niemandem untertan« feierte Sie Werner Ross in der ›Frankfurter Allgemeinen‹, und Reinhard Hoffmeister stilisierte Sie zum neuen Zola, zum »Gewissen vom Dienst«.

Ja, das alles, auf Ehr, das sind Sie und noch mehr: Seit einem Jahr etwa firmieren Sie als ›Literarischer Berater‹ im Impressum des Männermagazins ›Penthouse‹, und da wir Sie schätzen und dieses Blatt kennen, gestatten Sie uns bitte eine Gewissensfrage: Wie bringen Sie das alles eigentlich unter einen Hochhuth?

Haben Sie schon mal einen ›Penthouse‹-Text gelesen? Nein, nicht das Kleingedruckte neben den »Schnuckel-Mädchen« (O-Ton ›Penthouse‹), sondern einen richtigen Text? Etwa ›Bombt Bonn?‹, jenen Hetz- und Kriegstreiberartikel, der den Iwan so schildert, wie er sich seit jeher in den Hirnen bestimmter Politiker von beispielsweise Hitler bis sagen wir mal Filbinger gemalt hat: als tückischen, feigen und brutalen Aggressor? Oder den Meinungs-Beitrag von Vizeadmiral James Bond Stockdale, der mit den Worten schließt: »Eine glaubwürdige Drohung mit Bomben und Bajonetten muß die Minimalreaktion in dem Augenblick sein, in dem die nächste Bande von Mistkerlen durch eine Geiselnahme den amerikanischen Adler aus vermeintlich sicherer Entfernung zu reizen versucht.«?

Ist Ihnen, Rolf Hochhuth, der Name Siegfried Müller ein Begriff? ›Kongo-Müller‹, einst Söldnermajor im Kongo, heute Universitätsdozent in Südafrika und ›Penthouse‹-Autor.

Ist es — und damit wären wir auch schon bei der letzten Frage — Publicity-Geilheit, Geld-Geilheit oder schlichte Geilheit, die Sie auf ›Penthouse‹-Anzeigen posieren und ›Penthouse-Talks‹ parlieren läßt? Merken Sie gar nicht, wie sehr Sie bereits dem einst von Ihnen bekämpften Kanzler Erhard gleichen? Er, der Sie damals als »Pinscher« beschimpfte, endete als Berater einer amerikanischen Hähnchenfirma. Ist es so viel ehrenvoller, der literarische Berater eines amerikanischen Hühnchen-Blattes zu sein? Für eine gewissenhafte Beantwortung dieser Fragen dankt

Titanic

DEAR MR. PHILIP MARLOWE,

die literarische Öffentlichkeit unseres Landes wird durch ein rätselhaftes Verbrechen in Atem gehalten, dessen Klärung nur noch ein Mann vom Fach herbeiführen kann. Daher unsere Frage: Wollen Sie sich dieses Falles annehmen? Zu Ihrem üblichen Tagessatz von 20 Dollar plus Spesen?

Es geht um einen gestohlenen Sommerabend, um die Getränke, die während des Verbrechens gereicht und dann doch nicht gereicht wurden, um die Frage — nein, nicht: Wer war der Täter, sondern: Wer war der Dichter?

Die Vorgeschichte ist hinlänglich bekannt, hier nur die wichtigsten Fakten: Fritz J. Raddatz war bei Wolf Biermann zu Gast und berichtete darüber in der ›Zeit‹: »Gedichte und Rotwein ... in meinem Kopf kreist der Wein« — es wurde also angeblich Wein getrunken an jenem Sommerabend, an dem Biermann angeblich davon sprach und sang, er werde sich fortan der Politik enthalten, um besser privatisieren zu können.

Eben dieser Sommerabend aber kam an jenem Abend abhanden. Und Biermann nennt im ›Spiegel‹ auch den Dieb: »Der Literaturprofessor Raddatz vom Wochenblatt, der mir ohne Eintrittsgeld einen der wenigen sommerlichen Abende stahl.«

Außerdem gibt Biermann bezüglich der Getränke zu Protokoll: »Ich trank gar nichts — und Fritz vom Feuilleton trank an diesem Abend bei mir ein einziges Glas Apfelsaft.«

Wein oder nicht Wein? »Beaujolais, Präsent vom Präsidente Mitterand«, präzisiert ein Zeuge, der mit Sicherheit nicht dabei war, der Niedermacher Horst Tomayer in einer Anti-Biermann-Ballade, die ›konkret‹ und ›taz‹ druckten. Doch was meint der Angeklagte Raddatz? Er klagt selber an, wieder in der ›Zeit‹: »Es war ihm jetzt ›ein gestohlener Abend‹. Man könnte es auch umgekehrt sehen — denn nicht ich bat ihn zu mir.«

Hat also Biermann selber den Abend entwendet, während er dem Gast zur Ablenkung Lieder vortrug? Oder stahl er ihm qua Gesang gar noch viel größere Zeiträume? Was geschah, wenn Biermann sang? Herr Raddatz?

»Wer es mochte, mochte es; ich mochte es — viele Jahre, viele Nächte lang, meine Müdigkeit überwindend.«

Meinung gegen Meinung also — doch was wurde zur Tatzeit getrunken? Der Nachtgeschädigte Raddatz äußert sich dazu nur sehr, sehr dunkel: »›Sie predigten öffentlich Wasser — und tranken heimlich Wein‹, sang der Dichter der Loreley; statt Wasser oder Wein jetzt Apfelsaft nachzureichen, zeugt gewiß von opulenter Gastlichkeit — allein ein Heine wird man dadurch noch nicht.«

Wer war der Dichter? Heine scheidet aus, der hatte zur Tatzeit ein Alibi. Wer dann? War es Biermann, der diese Fang-

frage im ›Spiegel‹ lediglich mit einer Gegenfrage beantwortete:
»Poeta sum?« Oder der Oberrauner Raddatz? Oder Verse-
schmied Tomayer, der dem angeblich abtrünnigen Genossen
Biermann ohne Anruf, Warnung oder Rückfrage einen 38-Stro-
phen-Hammer über den ungeschützten rundlichen Kopf
drosch? Erst wenn diese Frage zweifelsfrei geklärt ist, wird das
Saftvergießen auf Deutschlands Feuilletonseiten ein Ende finden. Herr Marlowe — übernehmen Sie?

Sincerely yours Titanic

HERR VERLEGER BUCERIUS,
in der ›Zeit‹ trauerten Sie um Josef Müller-Marein, den langjährigen Chefredakteur Ihres Blattes. Dabei sprachen Sie nicht nur
von Ihrem Freund, dem Journalisten, sondern vom Journalisten überhaupt: »Ein Journalist muß sich aufregen können. Das
geht gut, wenn er ohne Ranküne ist, ohne Ehrgeiz, ohne
Machtgefühl, immer gebend und bereit, sich ausnutzen zu
lassen.«

Ein klares Wort, das den legitimen Umkehrschluß erlaubt:
Ein Verleger darf sich nicht aufregen. Das braucht er auch
nicht, wenn er Ranküne, Ehrgeiz und Machtgefühl besitzt,
immer nehmend und bereit, andere auszunutzen.

Es gibt eine alte Volksweisheit, die besagt: Sauer macht
lustig. Seit Ihrem Nachruf gibt es eine neue: Trauer macht
ehrlich.

Titanic

ABER, ABER, ADELBERT WEINSTEIN,
was raunen Sie denn da wieder in der FAZ zusammen: »Die
Deutung der Atomstrategie ist schwierig . . . sie ist seit einem
Menschenalter eine Geheimwissenschaft . . . Weder unsere Politiker — bis auf wenige Ausnahmen — noch die Intellektuellen,
schon gar nicht die Arbeiter können sich vorstellen, wie kom-
pliziert das Muster zusammengefügt ist . . .« Ist es doch gar
nicht. Sie müßten nur mal Ihr eigenes Blatt studieren, dann
hätten Sie in derselben Ausgabe, in der Ihr Kommentar erschien, lesen können, wie US-Verteidigungsminister Weinber-
ger die ganze Chose sieht:

»Wir stehen vor einer sowjetischen militärischen Herausforderung beispiellosen Ausmaßes«, trug er in London vor, denn »wir haben es nicht mehr mit uns deutlich unterlegenen Streitkräften zu tun.« Wer nicht deutlich unterlegen ist, fordert beispiellos heraus; wenn der Gegner zum Maßkrug greift, zwingt er mich, meinen Maßkrug mit dem Klappmesser zu vertauschen — das alles ist so simpel, daß es noch der abgefüllteste Wirtshausschläger mühelos begreifen dürfte.

Aber, Herr Weinstein — haben Sie uns eigentlich folgen können? Nein, nicht wahr? Dann können wir nur hoffen, daß Ihnen irgendein hilfsbereiter Arbeiter das so unendlich komplizierte Muster etwas transparenter macht.

Daumendrückend   Titanic

SPRACHKUNDIGER FAZ-BEITRÄGER KARL HEINZ BOHRER, gerne lesen wir Ihre Kulturberichte aus dem fernen Engelland, enthalten sie doch immer wieder staunenswerte Aufschlüsse. So auch Ihr Beitrag über die jüngst veröffentlichten Briefe Evelyn Waughs, in dem Sie die »köstlichen Sottisen« dieses Schriftstellers rühmen, etwa die folgende aus einem Brief an Nancy Mitford: »Das Buch sollte zwei populäre Irrtümer korrigieren: der erste, vom Kino geprägte Irrtum ist, daß nur schöne Menschen es gern miteinander treiben (enjoy fucking) . . .« Nun hatten wir zwar bisher immer gedacht, to fuck hieße ficken, aber wir sind schließlich keine England-Korrespondenten. Also wird Ihre Übersetzung wohl korrekt sein. Ja, unser Korrektor Knorke glaubt sogar, sich erinnern zu können, gelernt zu haben, »to fuck trade« bedeute »miteinander Handel treiben«. Sagen Sie mal — stimmt das?

Pimperly yours Titanic

UNBEKANNTER BRITISCHER FLAKOBERMAAT, die FAZ zitiert Sie folgendermaßen: »Beim Abschuß eines argentinischen Flugzeugs, ganz klar, wird gejubelt, aber wenn dann der Argentinier mit dem Fallschirm aussteigt, dann bangen wir alle, daß er es nicht schaffen könnte, und atmen auf, wenn sie ihn auffischen« — und in zwanzig Jahren — Gegner von gestern, Freunde von heute — gibt es dann Kameradschaftstreffen der Überlebenden des britisch-argentinischen Krieges, und alle können sich noch mal versichern, wie verdammt gut sie alle gekämpft haben und wie verflucht schwer es ihnen allen seinerzeit gefallen ist, einander totzuschießen, und nur ein Kriegsteilnehmer wird nicht mitschwallen können, die Exocet-Rakete. Denn die erfüllt lediglich — Bumsti! — ihre Pflicht, macht kaputt, was kaputtzumachen ist, und hält anschließend den Schnabel, jubelt nicht, bangt nicht, atmet schon gar nicht auf — Sie, fairer Flakobermaat, können sich gar nicht vorstellen, wie sehr wir diese wortkarge Art schätzen. Denn das ganze faire Geschleime hat uns doch seit dem fabelhaften ›Roten Baron‹ und dem rommelhaften ›Wüstenfuchs‹ stets nur den Blick dafür getrübt, wie doof so ein Krieg eigentlich ist. Letzteres in aller Klarheit wieder deutlich gemacht zu haben ist — zack-wumm! — das Verdienst obenerwähnter Rakete. Dafür wird sie jetzt nicht nur auf dem schwarzen Markt zum Vierfachen des Listenpreises gehandelt, dafür dankt ihr auch

Titanic

Neulich, Bühnenschaffende,
waren wir mal wieder im Theater, das Stück tut nichts zur Sache — es war ›Don Carlos‹ in der Inszenierung von Werner Schroeter, und der ›Don Carlos‹ war natürlich gar nicht von Schiller, sondern von Pirandello, und das Stück hieß eigentlich auch ganz anders, und das gefoppte Publikum mopste sich, und — wir waren also mal wieder im Theater, und wieder einmal staunten wir darüber, wie skrupellos Ihr, tückische Bühnenschaffende, uns, die gutwilligen Zuschauer, mit Eurem Lieblingsthema anödet, Euren Schwierigkeiten mit dem Theater nämlich. Sagt mal — was würdet Ihr einem Frisör sagen, der, statt Euch die Haare zu schneiden, seine Zweifel am traditionellen Messerschnitt, ja an der Möglichkeit eines Haarschnitts überhaupt thematisiert?

Sicher, der Vergleich hinkt, doch Ihr tut nicht mal das, Ihr tretet lediglich auf der Stelle. Bewegt Euch oder schleicht Euch — das rät

Titanic

Grossartiges Kunstmagazin ›art‹,

»Keine Kunstzeitschrift informiert Sie umfassender und ver-
ständlicher über Kunst«, behauptest Du von Dir, und diese
umfassende Information geht schon in Deinen Anzeigen los:
»El Greco — Prophet der Neuen Malerei.« El Greco? Was'n das
für ein Vogel? »Mehr als 360 Jahre nach seinem Tod widerfährt
El Greco, einem in Spanien malenden Griechen, jetzt Gerech-
tigkeit« — tut sie das? Wie schön. Gemalt hat er? Was'n da?
»Die bislang größte Greco-Ausstellung feiert den fast in Vergessenheit geratenen Künstler« — fast? Ganz! Wie hätte man
denn auch jemals etwas von El Greco erfahren sollen — sieht
man mal von den ca. 200 El-Greco-Monographien ab, die seit
Beginn dieses Jahrhunderts erschienen sind, sowie davon, daß
dieser Herr aber auch in keiner Kunstgeschichte und in keinem
größeren Museum fehlt —: »feiert den fast in Vergessenheit
geratenen Künstler als« — als was denn? Als Schüler Tintoret-
tos? Als Vertreter des Manierismus? Als Sonderfall der spanischen Malerei? Ach, was sind wir nun gespannt —: »als Vorläufer der Neuen Malerei des 20. Jahrhunderts.«

Na, da hat er ja wenigstens nicht umsonst gemalt, der alte
Ekstatiker! Von niemandem bemerkt, ist er den Neuen Wilden
vorangelaufen — geradewegs in die Arme von ›art‹. Welche
Fänge werdet Ihr uns noch präsentieren? Kleiner Tip: Im alten
Holland soll mal einer ebenfalls einen ganz schön heißen Pinsel
geschwungen haben. Weinbrandt oder Remtemtem — jedenfalls auch jemand, den Ihr locker als fast vergessenen Vorläufer
der Nagelneuen Malerei verbraten könnt.

Stellt schon mal die Pfanne heiß! Das rät Euch

Titanic

Strenger Vorsitzender des Landgerichts Bochum,
Sie haben das Urteil gegen den ehemaligen Essener Rechtsanwalt und Notar Dietrich Witthaut zu verantworten und uns
eine große Freude gemacht. Zehn Millionen Mark hatte der
Angeklagte zwischen 1974 und 1979 veruntreut, die Strafe:
zwölf Jahre Freiheitsentzug. Daß es nicht mehr wurden, verdankt er Ihrem Sinn für Größe, Herr Vorsitzender. Witthaut
habe, so Ihre Urteilsbegründung, »wie ein Hochstapler gelebt

und die veruntreuten Gelder bis auf den letzten Pfennig verpraßt«. Er sei deshalb nicht »als großer Wirtschaftstäter« einzustufen — wohl deswegen, weil Größe und Prassen einander ausschließen. Folge: Seine schwache Persönlichkeit habe »die Höchststrafe von fünfzehn Jahren nicht verdient«.

Was wollen Sie? Die Höchststrafe? Da könnte ja jeder kommen — ha! Schon mal was von Leistungsgesellschaft gehört? Na also! Sie können noch von Glück reden, daß wir Sie überhaupt verurteilen! Hier wird nämlich immer noch Leistungsjustiz geübt, Sie Würstchen!

Doch Spott beiseite: Wenn die von Ihnen, Herr Vorsitzender, praktizierte Nachfolgerin der Klassenjustiz keine schlimmeren Folgen hat als niedrigere Strafen, dann unterstützt Sie voll und ganz

Titanic

Besorgte Pyrotechnik-Firma Comet,
hätte es noch eines Beweises dafür bedurft, daß man es, wie man's macht, falsch macht – Ihr habt ihn geliefert. Als wir von der kirchlichen Antisilvesterkrach-Aktion ›Brot statt Böller‹ hörten, da dachten wir: Spenden statt verpulvern? So soll's sein.

Als wir von Euch erfuhren, daß wegen dieser Aktion mit dem Verlust von etwa 400 Arbeitsplätzen in der Böllerindustrie gerechnet werden müsse, daß auch Behinderte davon betroffen seien, da dachten wir: Noch mehr Arbeitslose? So soll's nicht sein.

Was tun? Das Brot gleich den brotlosen Böllermachern spenden? Die Böllermacher ins Brot setzen und die Böller in die Dritte Welt schicken? Auf Böller ganz verzichten und das Brot behalten, um niemanden zu benachteiligen? Der Kirche, die den ganzen Schlamassel schließlich angezettelt hat, den Schwarzen Peter zuschieben?

Genau! Das ist die Lösung! Die Hände in Unschuld aber wäscht mal wieder

Titanic

Publizierender Rudolf Augstein,
was wir schon immer über Stalingrad wissen wollten und nie zu fragen wagten — Sie beantworten es in Ihrem ›Spiegel‹ und

in schlichten Sätzen: »Wie war es zur Katastrophe gekommen? Hitler hatte im Winter '41 auf '42 einen halbwegs geordneten Rückzug mit vielen erfrorenen Gliedmaßen (Gefrierfleischorden) durchgestanden« — doch auch der halbwegs erfrorene Diktator hätte nicht vor Stalingrad scheitern müssen, wäre ihm nicht ein ehernes, erstmals von Ihnen formuliertes Kriegsgesetz zum Verhängnis geworden: »Ein Krieg, der verloren gehen soll, muß irgendwann verloren werden, egal, wie, wo und wodurch.«

Das ist so klar und wahr wie die alte Journalistenweisheit: »Ein Artikel, der in die Hose gehen soll, muß irgendwann in die Hose gehen, egal, wer, wo, wann, wie, wie lange und weshalb.« Sie, Rudolf Augstein, hat es bereits beim Artikelstart aus der Kurve getragen. Weshalb, das können wir nur vermuten: Auf einer Bierlache ausgerutscht? Schlechte Sicht wegen Rauchgrasschwaden? Oder war schlichte technische Schlampigkeit die Ursache? Dreimal dürfen wir raten.

Titanic

VEREHRTER LUIS BUÑUEL,

wir lesen, Sie seien vom »spanischen König mit dem Großkreuz von Isabella der Katholischen ausgezeichnet worden« — als vierter spanischer Künstler innerhalb von 25 Jahren. Ausgerechnet Sie, der Sie allen Königen und jedweder katholischen Kirche seit fast fünfzig Jahren immer nur Saures gegeben haben. Ist denn kein Staats- und Kirchenverächter mehr davor sicher, noch kurz vor der großen Grätsche von Staat und Kirche eingemeindet zu werden? Dickie, unser andalusischer Hund, läuft seit jener Nachricht nur noch mit eingekniffenem Schwanz herum, uns allen wollen die Olvidados nicht mehr schmecken, und in dunklen Redaktionsüberstunden geistert das Gespenst der Freiheit durch die Flure und murmelt »L'age d'or — noch ein Tor.«

Schade, daß Sie das nicht mehr verfilmen können!

Titanic

JOHANNES GROSS,

ist es soo schlimm, wenn man nicht ›Stern‹-Chefredakteur wird? Tut das soo weh, daß im dicken Kopf die wüstesten Gedanken wachwerden? Macht das soo wütend, daß man — Scheiß drauf, ist eh alles im Arsch — diese Gedanken endlich mal ganz unverstellt den Lesern um die Ohren hauen zu dürfen meint?

»Gegen alle Pessimisten: Wir sind eine echte Demokratie geworden. Das Gesindel darf nicht nur überall mitreden, es führt das große Wort« — das schreiben Sie in einem der zahlreichen Medien, in denen Sie das große Wort führen, im ›FAZ-Magazin‹.

Alle Wetter! Famos formuliert, Wertester! Wird sich das Jesindel aber hinter die Löffel schreiben! Kleiner Wermutstropfen: So'n kurzer, dicker Tintenkleckser wie Sie kann seinem Krötenkopp noch so naßforsche Töne entlocken, ein echter Herrenreiter — denke da an Jestalten wie von Papen — wird er trotzdem nicht. Weggetreten! Zack, zack!

Titanic

(Briefe an die Leser 1980—1983)

Der Besuch

DAS SIND MOPSI, HOPSI UND FRANZ. SIE FREUEN SICH AUF
DEN BESUCH DES AMERIKANISCHEN PRÄSIDENTEN.

DAS IST WERNER. ER FREUT SICH NICHT AUF DEN
PRÄSIDENTEN. ER IST ANTI-AMERIKANER.

MOPSI, HOPSI UND FRANZ REDEN WERNER GUT ZU.

DER PRÄSIDENT BESCHÜTZT UNS DOCH VOR DEM BÖSEN
FUCHS, SAGEN SIE. WER GEGEN DEN PRÄSIDENTEN IST,
IST FÜR DEN FUCHS.

WERNER MUSS SICH DEN ARGUMENTEN*) VON MOPSI,
HOPSI UND FRANZ BEUGEN.

WO DER PRÄSIDENT NUR BLEIBT?

DA ENDLICH KOMMT ER. SEHT NUR, WIE FROH MOPSI,
HOPSI UND FRANZ SIND.

(1982)

*) Argumente sind Beweise. In einer Demokratie siegen immer die besseren
Argumente.

Geteiltes Land — gemischte Gefühle

Der Reisende, der soeben den westdeutschen Grenzübergang Herleshausen passiert hatte, wußte, daß ihm eine Verwandlung bevorstand. Er besuchte die DDR nicht das erstemal. Er war darauf vorbereitet, am DDR-Kontrollpunkt Wartha zum Westler zu werden, doch wie bei den vorangegangenen Grenzübertritten beobachtete er diesen Vorgang auch diesmal mit Unbehagen.

Er war nicht gern Westler. Deshalb versuchte er sich darauf hinauszureden, daß nicht er zum Westler wurde, sondern daß die anderen ihn dazu machten. Doch das stimmte nicht. Der Grenzpolizist, der ihn barsch beschied: »Sie dürfen hier nicht einfach die Spur wechseln, das dürfen Sie bei Ihnen in der BRD auch nicht«, war keineswegs der Schuldige, höchstens ein Katalysator. Er setzte einen Prozeß in Gang, auf den der Besucher gewartet zu haben schien und den er sogleich nach Kräften unterstützte. »Mit denen kannst du nicht diskutieren«, beruhigte er seine Begleiterin, die das erstemal einreise und drauf und dran war, sich über die Tatsache zu erregen, daß es verboten war, von der vollen ersten auf die halbleere zweite Wartespur zu wechseln. »Du brauchst sie dir doch bloß anzuschaun, dann weißt du, daß die rationalen Argumenten nicht zugänglich sind.«

»Sie«, »die« — in Wahrheit machte sich der Reisende selber nach Kräften zum Westler. Vor einer Viertelstunde noch hatte er schneidende Bemerkungen über die Kaputtsanierung bundesrepublikanischer Dörfer und den sinnwidrigen Aufwand von Umgehungs- und Schnellstraßen gemacht, nun kommentierte er das erste DDR-Schlagloch mit dem Hinweis: »In den letzten zwei Jahren sind die hier aber auch kein Stück weitergekommen.«

Die hier kontrollierten derweil seine auf dem Zollbegleitzettel angegebenen Schallplatten und Bücher. Der Besucher kramte sie eilfertig hervor, gab eifrige Hinweise zur ganz harmlosen, ganz und gar unpolitischen Art der Kulturgüter, ja er belachte sogar lauthals die bei Licht besehen nicht allzu witzige

Bemerkung des Grenzbeamten, der angesichts eines Aktbildes von Francis Bacon erklärte, fürs Bett sei die wohl nichts.

»Mußtest du dich denn derart devot verhalten?« wollte die Begleiterin vom Westler wissen, während sie auf ihre Papiere warteten.

»Wer war denn da devot?« fragte der mit gespielter Empörung zurück und wußte doch, daß der Vorwurf zu Recht bestand. Er schämte sich ja selber für die Zuvorkommenheit und Eilfertigkeit, mit welcher er Papiere bereithielt, den Kofferraum öffnete und Taschen auspackte. Daß andere Westler den DDR-Grenzern noch zuvorkommender zur Hand gingen, war nur ein schwacher Trost. Die Deutschen waren nun mal geborene Untertanen, gewiß, doch untertänig benahm auch er sich; während der Kontrollen und erst recht danach, als er zu seinem eigenen Erstaunen auch noch lobende Worte für die Tatsache fand, daß ihm kein einziges Druckerzeugnis weggenommen worden war, nicht einmal das ›FAZ-Magazin‹: »Die waren aber sehr korrekt heute!«

»Was ist denn daran korrekt, wenn sie dir das ›FAZ-Magazin‹ nicht wegnehmen?«

»Die müßten das eigentlich tun.«

»Was? Den Gedankenaustausch verhindern?«

»Welchen Gedankenaustausch denn? Seit wann finden sich im ›FAZ-Magazin‹ Gedanken?«

»Dann hätten sie erst recht keinen Grund, es wegzunehmen.«

»Das nicht. Aber sie haben ihre Vorschriften.«

»Und die findest du in Ordnung?«

»Vorschriften gibt's überall.«

»Aber doch nicht solche!«

»Doch!«

»Wo denn?«

Der Westler wollte gerade zu einem längeren Exkurs über die objektive Gefährlichkeit gewisser BRD-Publikationen ansetzen — »Nimm nur Springer« —, schon fühlte er sich nicht mehr als Partei, sondern als objektiver Sachwalter der Interessen aller fortschrittlich gesinnten Deutschen, als ihn ein DDR-Verkehrspolizist jäh an den Straßenrand winkte. Er habe die vorgeschriebene Geschwindigkeit überschritten, sei 51 statt der zulässigen 40 Stundenkilometer gefahren, das mache 30 West-mark.

»Vierzig Stundenkilometer! Auf der Autobahn! Denen ist aber auch jedes Mittel recht, an unser Geld zu kommen!« empörte sich der Reisende, ohne den Beschwichtigungsver-suchen seiner Begleiterin Gehör zu schenken. Jetzt war er wieder ein Westler, und er wurde es um so mehr, je näher er seinem Zielort kam, Bad B., dem Wohnsitz seines Vetters und Gastgebers.

Alles entzückte ihn: die Landstraße, die sich schmal und holprig durch die liebliche Maienlandschaft wand, die würdi-gen Kradfahrer im enggeschnürten Sturmmantel, die so gar nichts vom grellen Sport- und Freizeitgehabe westlicher Motorradrabauken an sich hatten, die wackligen entgegen-kommenden Autos, die er sachkundig als »Trabis« klassifizier-te, und vor allem die so wunderbar intakten Dörfer, deren Silhouette sich schön deutlich vom umgebenden Grün der Felder und Obstbäume abhob, ohne daß Neubauten oder gar modernistische Kirchen den klaren Umriß verschandelten.

»Was ist denn daran intakt?« wollte die Begleiterin wissen, als sie eines der Dörfer durchquerten. »Ich finde hier alles reichlich verrottet.«

»Genau so sahen die Dörfer meiner Kindheit aus.«

»So kaputt?«

»So heil. Sieh doch nur: die haben hier noch richtige Vorgär-ten. Und Holzzäune. Und Obstbäume. Und Fachwerk.«

»Und überall fällt der Putz runter!«

»Immer noch besser als die eternitverkleideten Dorf-Butzen bei uns, mit ihren Panorama-Scheiben und den kupfergefaßten Kunstglas-Chichi-Türen.«

»Frag mal einen der Dörfler hier, was der von dieser ästheti-zistischen Betrachtungsweise hält!«

»Ich sehe das alles nicht mit dem Blick des Ästheten, sondern mit den Augen der Liebe.«

»Das glaubst du doch selber nicht.«

»Klar glaube ich das.«

Er glaubte es und wußte dennoch, daß er nicht die Wahrheit sagte. Es war nämlich, aber das mochte er nicht einmal sich selber eingestehen, die Brille des Ethnologen, durch die er Dörfer und Menschen betrachtete, stets auf der Suche nach Spuren erhaltener Unschuld und vorindustrieller Schönheit. Die Eingeborenen freilich — aber machte nicht gerade das ihre Unschuld aus? — wußten gar nicht, wie schön sie es hatten. Und der Reisende — aber machte das wiederum nicht den Forscher aus? — war herzlich froh, wenn er nach einem ebenso kurzen wie enthusiastischen Rundgang durch eines der Dörfer wieder in seinen ›Golf‹ steigen und weiterreisen konnte. Nichts wie weg! Außerdem erwartete ihn sein Vetter.

Der Westler hat viele Gesichter. Vom Forscher wandelte er sich unversehens zum Krösus, als er vor dem Hause des Vetters vorfuhr. Nein, was er nicht alles mitgebracht hatte! Der Westler wand sich ein wenig. Er spielte Wert und Preis der Geschenke herunter und wußte doch, daß sie für die Beschenkten unbezahlbar waren. An Ananas mochten sie ja noch hin und wieder und mit Müh und Not rankommen, nach der letzten Pink-Floyd-Platte aber konnten sie lange suchen. Ein großer Glanz umgab den Westler, ihn, den Sendboten einer Welt, in der all diese Herrlichkeiten im Laufe eines Vormittags mühelos zusammenzuraffen waren.

Der Westler versuchte, etwas von seinem Glanz an die Gastgeber abzugeben. Er verlegte sich aufs Lob dessen, was sie ihm auftischten und vorzeigten. Die Rotwurst sei aber sehr gut, dergleichen würde man in seiner Heimatstadt M. vergeblich suchen. Das war die Wahrheit. Ja, die neue Schleiflackanrichte gefalle ihm ausgezeichnet. Das war gelogen, doch je eindringlicher sein Vetter ihm von den Schwierigkeiten erzählte, die das Ergattern dieses Möbels bereitet hatte — »Ohne Vitamin B wäre da gar nichts gelaufen!« »Vitamin B?« »Beziehungen!« —, desto nachdrücklicher beharrte der Westler auf seiner Lüge: »Doch. Sehr schön. Wirklich.«

»Na, bei euch gibt es natürlich noch ganz andere Möbel«, sagte der Vetter, wie um sich zu entschuldigen. »Stimmt«, dachte der Westler mit Grausen, laut aber sagte er: »Ach nee, eigentlich nicht.« »Na komm!«

Während sich die Begleiterin in der Küche nützlich machte, blätterte der Westler im ›Neuen Deutschland‹. Im Palast der Republik hatten die Beratungen des XII. Bauernkongresses der DDR begonnen. Immer verträumter glitt das Auge des Lesenden über die seitenlangen Berichte.

Heile Welt auch hier. Schon die fettgedruckten Zwischenüberschriften dienten nicht der Anstachelung unguter Neugier, wie es der Westler von seinen Westzeitungen gewohnt war, sie waren unanfechtbare Wahrheiten und teils anfeuernde, teils bestätigende Losungen. ›Der Boden ist und bleibt unser größter Reichtum‹ hieß eine, ›Gesunde Tiere durch liebevolle Pflege‹ eine andere, und genauso gemächlich flossen die Ausführungen des Landwirtschaftsministers Heinz Kuhrig dahin, ein nichtendenwollender, durchweg optimistischer Redestrom, den lediglich die Zustimmung der Zuhörenden hin und wieder zu stauen imstande war: »Lang anhaltender, stürmischer Beifall auf das Zentralkomitee und seinen Generalsekretär.«

Besonders letzterer hatte aber auch, glaubte man Kuhrig, jeden Beifall verdient, der schien sich um wirklich alles zu kümmern: »Die Bauern haben sehr wohl die Worte des Genossen Erich Honecker verstanden, daß heute das Getreideproblem in seiner Rangordnung durchaus mit dem Erdölproblem verglichen werden kann. Darum lautete das Echo auf die Worte unseres Generalsekretärs aus vielen Dörfern: Laßt uns das Getreide wie das Erdöl achten und das Erdöl wie das Getreide.«

Welch ein Land! Was für Echos! Und wie sich der Generalsekretär auch noch der geringsten Kleinigkeiten annahm: »Auf dem XI. Bauernkongreß hatte uns Genosse Honecker auf die blauen Flecken der Kartoffeln hingewiesen und darauf aufmerksam gemacht, daß es nicht nur auf die Menge ankommt, sondern auch auf die Qualität.« Auf dieses Ziel sei hingearbeitet worden. »Aber um der Wahrheit die Ehre zu geben: Es gibt immer noch einige blaue Ränder und damit absolut keinen Grund zur Selbstzufriedenheit.«

Der Westler freute sich über die blauen Ränder und wollte seine Freude mit dem Vetter teilen. Der aber saß im Nebenzimmer und sah die ARD-Tagesthemen an. »Auf die steh ich«, sagte er und zeigte auf eine Frau, die Nachrichten vorlas. Wer denn das sei, wollte der Westler wissen. »Aber das ist doch Barbara Dickmann. Die kennst du doch!« Der Westler, der kaum fernsah, kannte sie nicht, und für einen Moment kehrten sich die Rollen um. Der Gastgeber erklärte dem Gast die Feinheiten westlicher Nachrichtenvermittlung und die ihrer unterschiedlichen Sprachrohre. Der Gast wollte sich mit einem Lob des ›Neuen Deutschland‹ revanchieren, doch das wiederum las sein Vetter nicht.

»Das ND? Das muß ich beziehen, aber da steht ja nichts drin.«

Auch später, als der Westler sich seiner Begleiterin mitteilen wollte, hatte er kein Glück. »Du, ich mag das ND wirklich. Es strahlt eine solche Ruhe aus. Unsere Zeitungen dagegen möchte ich gar nicht mehr aufschlagen. Die schwächen mich nur. Vom ganzen EWG-Hickhack beispielsweise begreife ich kein Wort. Ich weiß lediglich, daß ich schließlich der Dumme sein werde. Hier dagegen . . . Ein Staatsratsvorsitzender, der sich um blaue Ränder kümmert! Unter blauen Rändern kann ich mir doch noch was vorstellen. Hat sich Helmut Schmidt jemals um blaue Ränder gekümmert?«

»Komm! Du wärst der erste, der nach einer Woche ND-Lektüre durchdrehen würde!«

»Würde ich nicht.«

»Spätestens nach einem Monat.«

»Nach einem Monat? Früher! Viel früher!«

Der Besucher kam einfach nicht mehr aus seiner Westler-Haut. Fast jedes Gespräch lief auf Vergleiche hinaus, und fast immer fielen sie zu seinen Gunsten aus. Richtiger: zugunsten des Westens; doch da der Westler aus dem Westen kam, waren sogar die Erfolge westlicher Straßenbelagshersteller seine Erfolge. »Unsere Straßen« — der Straßenbauer, den der Westler bei seinem Vetter kennengelernt hatte, schüttelte düster den Kopf und beklagte das Fehlen gewisser Materialien, das es unmöglich machte, Straßen zu bauen, die bei Hitze nicht an beiden Rändern schwarz und klebrig ausliefen: »Sie im Westen, Sie bauen wenigstens noch richtige Straßen!« Der Westler horchte verwundert in sich hinein. Er spürte, wie sich da leiser Stolz regte. Stolz auf ausgerechnet jene Straßen, die er im

Westen doch nur mit Ingrimm befuhr. Er versuchte sogleich, den Stolz zu bekämpfen, aber ganz totzukriegen war der nicht.

Am nächsten Tag erwartete den Besucher eine Enttäuschung. Er hatte das Kriegsende in Bad B. erlebt, war seitdem hin und wieder zu Besuch gekommen und hatte stets zufrieden feststellen können, daß kaum Veränderungen wahrzunehmen waren, von spärlichen Neubauten oder wenigen neuverputzten Fassaden abgesehen. Auf den ersten Blick fielen dem Westler auch diesmal keine Neuerungen ins Auge. Auf dem Wege zur Anmeldestelle begeisterte er sich für die würdigen Straßenzüge der Innenstadt; eindringlich hielt er die widerwärtigen Fußgängerzonen vergleichbarer westdeutscher Städte dagegen, diese durch Marktschreierei, Profitgier und Nostalgie-Nepp heruntergekommenen Konsum-Disneylands, und stieß bei seinem Vetter doch nur auf wortkarges Unverständnis und weitere Entschuldigungen: »Ja, es ist alles sehr grau hier. Aber warst du schon mal in Ostberlin? Da haben sie ein paar tolle Sachen hingestellt, fast wie bei euch.«

Aber etwas Schönes habe auch Bad B. aufzuweisen, erklärte der Vetter auf dem Rückweg und führte die Besucher durch ein abseits gelegenes Neubauviertel, in dem es wie durch ein Wunder all das gab, woran es sonst so mangelte. Aus Baumaterialien aller Art entstanden dort geradezu prächtige Eigenheime, bei jeder Baustelle wußte der Vetter Namen und Grad der Privilegiertheit des Bauherrn zu nennen: »Der hier leitet die Reparaturbetriebe der XY-Werke, da wird unter der Hand getauscht, Ersatzteile gegen Ziegel, und der da . . .« Der da, ein hohes Tier aus der Verwaltung, war dabei, eine Scheußlichkeit zu errichten, die seinem Rang in Höhe und Breite durchaus angemessen war, sogar einen riesigen, in Naturstein gefaßten Außenkamin gab es, von dessen Anblick sich der Vetter kaum losreißen mochte. »Doch. Ein tolles Haus«, sagte der Westler nach längerem Schweigen.

»Warum hast du denn nicht gesagt, wie du das Haus wirklich findest?« wollte seine Begleiterin von ihm wissen, als sie wieder alleine waren.

»Komm, das bringt doch nichts.«

»Bringt es denn was, wenn du jeder Auseinandersetzung aus dem Weg gehst?«

»Welcher Auseinandersetzung denn?«

Der Westler begriff natürlich, welche Auseinandersetzung seine Begleiterin meinte, doch zugleich wußte er nur zu gut, daß sie sinnlos war. Er hatte es hier, wie er immer wieder bedauernd feststellen mußte, keineswegs mit edlen Wilden zu tun, die freiwillig den so trügerischen Segnungen des Konsumismus und des entfesselten Kapitals entsagten. Was ihn jubeln ließ, machte sie leiden. Was er so sehr am real existierenden Sozialismus schätzte, dessen Veränderungen abholde Tranigkeit, stellte sich ihnen als lähmende Ineffizienz dar. Würde man sie machen lassen, Bad B. sähe im Handumdrehen so aus wie Bad Homburg; nur der Mangel, nicht etwa bessere Einsicht hielt sie zurück. So blieb es bei unausgesprochenen Vorhaltungen, für die sich der Westler dann auch noch schämte — mit vollem Bauch läßt sich leicht Askese predigen; und der Gast wußte ja nicht einmal, ob er es auch nur einen Monat lang in einem Lande aushalten könnte, in dem der Tag mit dem ›Neuen Deutschland‹ begann und ohne Kneipenbesuch endete, da fast alle gastronomischen Betriebe um acht Uhr abends dichtmachten.

Ganz zu schweigen von sehr viel bedrängenderen Realitäten. Abends, bei Bier und — für die Gäste das Beste — viel zu reichhaltigem Essen, listeten die Besucher und die Besuchten die Vor- und Nachteile der Gesellschaftssysteme auf, doch so sehr der Westler mitzuhalten suchte, so sehr er gegen Stasi-Überwachung das BKA, gegen Konsumgüterknappheit die Inflation, gegen niedrige Löhne die Arbeitslosigkeit und gegen den Lärm russischer Hubschrauber die Startbahn West ins Feld führte — den Ausschlag gab doch stets, daß er es war, der hier zu Besuch weilte, während die Gastgeber auf die Möglichkeit des Gegenbesuches lange warten konnten. »Welches ist der größte Fluß der Welt?« fragte ein anwesender Freund der Familie und reichte sogleich die Antwort nach: »Die Elbe. Es dauert sechzig Jahre, bis man drüben ist.«

»Wieso?« fragte der Westler. »Ach so.«

Doch obwohl er rechtzeitig begriffen hatte, daß der Witz auf das Rentenalter anspielte, auf die magische 60-Jahre-Marke, von der ab grenzüberschreitende Reisen wieder möglich waren, unterlief ihm noch am selben Abend die Taktlosigkeit, auf die Frage nach der Dauer der morgigen Heimreise zu antworten: »Wenn an der Grenze nicht viel los ist — so drei bis vier Stunden.« Möglich, daß seine Gastgeber diese leichthin gesagte Auskunft gar nicht als Taktlosigkeit empfanden, doch kaum daß sie ihm entschlüpft war, kaum daß er den warnenden Fußtritt der Begleiterin verstanden hatte, bereute der Westler seine Worte. Beim Knastbesuch erzählte man dem Einsitzenden doch auch nicht, wie flink man jetzt dank der neuen Schnellstraße wieder daheim wäre.

»Tut mir ja auch leid«, versuchte er sich beim Zubettgehen vor der Begleiterin zu rechtfertigen. »Aber worüber kann man denn hier noch unschuldigen Herzens reden? Die hilfreichen Themen der entspannten Gespräche im Westen — hier entfallen sie doch allesamt. Reisen entfallen, hier, wo Polen für die Hiesigen schon zu ist und Ungarn dem Vernehmen nach bald zu sein wird. Autos entfallen, hier, wo die Lieferfristen bis zu zwanzig Jahre betragen. Restaurants und Freßtips entfallen, hier, wo man sich bereits ein Jahr zuvor in besseren Lokalen anmelden muß, will man die Seinen zur Jugendweihe dorthin ausführen.«

»Als ob du im Westen dauernd über Reisen, Autos und Fressen redest.«

»Mach ich auch nicht, aber hier wird dauernd über Reisen, Autos und Fressen geredet, richtiger darüber, wie schwer das alles zu kriegen ist. Und ich habe immer das Gefühl, mich auf die Zunge beißen oder mich meiner Privilegien schämen zu müssen.«

»Die hast du nun mal.«

»Ich will sie aber nicht.«

»Im Westen hast du auch welche.«

»Da fallen sie aber nicht so auf. Da macht mich mein ›Golf‹ unsichtbar, hier stempelt er mich als Privilegierten ab.«

»Du wärst in jedem Gesellschaftssystem privilegiert. Auch wenn du hier leben würdest.«

»Dann müßte ich Parteimitglied sein. Seh ich so aus?«

»Irgendwas würde dir schon einfallen.«

»Würde mir nicht.«

Als der Westler vor dem Einschlafen noch in den ›Thüringer Neuesten Nachrichten‹ las, fiel ihm aber doch was ein. »Wenn ich hier leben müßte, wäre ich Maler!« sagte er seiner Begleiterin angeregt, die schläfrig »Wieso?« fragte. »Hör mal: Bauern als Gäste im Atelier des Künstlers Peter Kraft. Gera. An 32 Auftragswerken arbeiten gegenwärtig bildende Künstler des Bezirks Gera. Auftraggeber sind neben dem Rat des Bezirks auch Betriebe der Industrie und Landwirtschaft, die mit dreizehn bildenden Künstlern außerdem Komplexverträge über eine längere Zusammenarbeit geschlossen haben. Zu den in jüngster Zeit fertiggestellten Auftragswerken gehören die des Geraer Malers Peter Kraft. Seine Partner waren die Genossenschaftsbauern der LPG Triptis im Kreis Pößneck, die auch den Platz für die zwei Tafelbilder auswählten für den Saal ihres Kulturhauses in Miesitz.«

Da seine Begleiterin vernehmlich gähnte, versicherte der Westler hastig »Das beste kommt ja noch«, dann las er mit erhobener Stimme weiter: »Eines der beiden Tafelbilder zeigt die typische Thüringer Landschaft, über deren Feldern ein schweres Gewitter heraufzieht. ›Diese Naturerscheinung ist für mich, und ich hoffe auch für andere Betrachter, von starkem Symbolgehalt. Ich glaube, jeder politisch interessierte Mensch kann ermessen, welche Bedrohung des Friedens und damit auch der friedlichen Landschaft gegenwärtig vom Imperialismus ausgeht‹, sagte der Künstler . . .«

»Welch ein Schlitzohr!« sinnierte der Westler, als das erwartete Gelächter der Begleiterin ausblieb. »So würde ich es auch halten: Blumentöpfe malen und dann behaupten, sie würden das Blühen der Künste im Sozialismus versinnbildlichen. Oder Kleinkinder — und die als den Neuen Menschen verkaufen. Oder Maulwürfe . . .«

»Wieso denn Maulwürfe?«

»Ja! Maulwürfe! Das bekannte Symbol westlicher Wühlarbeit!«

Als sich der Westler am nächsten Tage verabschiedete, hatte er

noch einmal ein schlechtes Gewissen — immer konnte er ab-
reisen, immer mußten die zurückbleiben. Dann, als er die
Grenze überquert hatte, atmete er auf. Eben noch hatte er die
Unzulänglichkeit der Hinweisschildchen an den DDR-Grenz-
gebäuden belächelt — »Guck mal, wie die ›Zur Zollkontrolle‹
schreiben! Von Hand und mit gotischen Lettern!« —, und schon
war er wieder bereit, jedes Piktogramm am neugestalteten
westdeutschen Grenzübergang persönlich zu nehmen: »Diese
Effizienz! Diese Klobigkeit!« Auch erbosten ihn die kontrollie-
renden Polizisten: »Weshalb werden wir hier eigentlich kontrol-
liert? Wenn man unseren Politikern glaubt, gibt es doch gar
keine zwei Deutschlands. Und wo keine zwei Länder sind,
dürfte es doch auch gar keine Grenze geben — oder?«

Es gab sie aber, in der Realität, im Kopf, ja selbst im Bauch.
Erleichtert spürte der Reisende, daß er nun nicht mehr Westler,
sondern zu Hause war. Da, wo ihn wieder bekannte Gegner,
vertraute Verwüstungen und klare Empfindungen erwarteten.
All das jedenfalls erhoffte der Heimgekehrte, und bisher hatten
ihn seine Hoffnungen noch nie getrogen.

(1982)

(1983)

Lerne Schimpfen mit Herbert Wehner

Kaum hatte Herbert Wehner seinen Abschied von der Politik bekanntgegeben, da setzten auch schon allüberall die sichtlich erleichterten Nachrufe ein. Selbst Rainer Barzel preßte sich für und in ›Bild‹ ein Krokodilstränlein ab: »Das Parlament wird um eine große Begabung ärmer. Was soll ich eigentlich machen, wenn die Wehnerschen polternden Zwischenrufe ausfallen?«

»Schleimer«, hätte ihm Wehner vermutlich geantwortet, so, wie an jenem 15. April 1970, als Barzel in der 42. Sitzung des Deutschen Bundestages — doch der Barzel von damals wird uns früh genug beschäftigen. Rasch noch ein Wort zum Barzel von heute. »Polternde Zwischenrufe« — das könnte ihm so passen. Der bärbeißige Onkel Herbert, der die zähe Parlamentsarbeit mit raunzenden Bemerkungen würzte — welch geradezu beleidigende Verniedlichung dieses Leistungsschimpfers, Profikrakeelers und Berufsbeleidigers, dieses furchtlosen Mannes, der all das auszuspucken wagte, was andere sich nicht einmal zu denken trauten, dieses — doch genug der Lobesfanfaren.

Das schönste Denkmal nämlich hat sich der Schimpfer Herbert Wehner selber gesetzt. Von 1949 bis 1983 gehörte er dem Parlament an, 77mal wurde er in diesen vierunddreißig Jahren vom jeweiligen Bundestagspräsidenten zur Ordnung gerufen; wegen unparlamentarischer Ausdrücke, Kritik am amtierenden Präsidenten oder sonstiger Entgleisungen. Seine Ordnungsrufe füllen ein ganzes Buch, ›Unglaublich, Herr Präsident!‹, la fleur Verlag; seine Schimpftechniken aber sollen hier zum erstenmal analysiert und zu sieben Merksätzen komprimiert werden. Noch ist im öden Rund des Bundestages weit und breit kein Nachfolger Herbert Wehners in Sicht, vielleicht ermutigt dieser leichtfaßliche Beitrag den einen oder anderen Abgeordneten, Wehners Werk wenigstens punktuell und nach Maßgabe der jeweiligen Kräfte weiterzuführen.

1. KEINE ANGST VOR PLATTHEITEN

Auch der Schimpfer Wehner hat relativ spät und bescheiden angefangen. Sieben Jahre dauerte es, bis er seinen ersten Ordnungsruf fing. »Das ist eine Lüge!« rief er am 22. März 1956 dem Abgeordneten Euler von der Deutschen Arbeitsgemeinschaft zu. Ebenso simpel, aber wirkungsvoll fertigte er in den folgenden Jahren wechselnde CDU/CSU-Politiker ab: »Sie sind ein Strolch, Herr Rasner!« (18. Februar 1960), »Unerhört! Sie sind ein Lügner!« (zu Dr. Czaja, 21. März 1974), »Quatsch!« (zu Dr. Zeitel, 16. März 1978), »Wollen Sie diese Schmähschrift aufrechterhalten, Herr Verleumder?« (zu Dr. Zimmermann, 26. November 1980), »Sie sind ein Quatschkopf, weiter gar nichts« (zu Dr. Riedl, 17. September 1981). Gern hält Wehner an einmal erprobten Schimpfwörtern fest. »Flegel«, »Verleumder«, »Lügner« ziehen sich jahrelang durch sein Schimpfschaffen, vor allem aber bleibt er der Invektive »Lümmel« treu, der er zwischen dem 19. Februar 1970 und dem 25. Juni 1980 stolze sechs Ordnungsrufe verdankt.

2. NICHTS IN ABREDE STELLEN

Das schönste Schimpfwort nützt nichts, wenn sich der Schimpfer anschließend damit entschuldigt, es sei ihm nur so rausgerutscht, oder es, schlimmer noch, schlicht abstreitet. Am 17. Februar 1966 demonstrierte Herbert Wehner beispielhaft, wie man es richtig macht. Gerade redet ein Dr. Luda von der CDU/CSU, da ruft

> **WEHNER (SPD):** »Sie sind ein Quatschkopf, weiter gar nichts.«
> **DR. LUDA (CDU/CSU):** »Herr Präsident, ich bin von Herrn Wehner Quatschkopf genannt worden. Ich bin nicht damit einverstanden, daß so etwas hier passiert.«
> **VIZEPRÄSID. DR. SCHMID:** »Das habe ich nicht gehört. Herr Abgeordneter Wehner, bekennen Sie sich dazu?«
> **WEHNER (SPD):** »Mit dem größten Vergnügen.«

3. FREMDWÖRTER RICHTIG EINSETZEN

Fremdwörter wirken befremdend — vor allem dann, wenn sie in überraschenden Zusammenhängen auftauchen. Wehner nutzt diesen Überrumpelungseffekt erstmals am 24. April 1958. Gerade redet

DR. BARZEL (CDU/CSU): »Wir lehnen also den Entwurf der SPD ab, weil er erstens verfassungswidrig ist, zweitens . . .«
WEHNER (SPD): »Ein einstudierter Pharisäer!«
DR. BARZEL (CDU/CSU): »Unglaublich, Herr Präsident!«

Mit Hilfe der gleichen Technik beleidigt Wehner in der Folgezeit weitere CDU/CSU-Politiker: »Sie sind doch ein mißlungener Conférencier!« (zu Dr. Jahr, 27. Oktober 1977), »Halten Sie doch den Mund! Professoraler Dummkopf!« (zu Dr. Abelein, 15. Februar 1979), »Sie sind eine Karikatur!« (zu Dr. Gruhl, 12. Februar 1971), ja — am 30. November 1965 gibt er nach gleichem Muster gleich der ganzen CDU/CSU-Fraktion Saures: »Ein nihilistischer Pöbelhaufen ist das!«

Wofür er sich allerdings leider, leider am 2. Dezember 1965 beim Pöbelhaufen entschuldigte — selbst ein Wehner hatte seine schwachen Stunden.

4. AUCH WORTSPIELE KÖNNEN BELEIDIGEN

Die Wortspiele gehören sicher nicht zu den Höhepunkten Wehnerschen Schimpfens. Doch schaffte er es immer wieder, diesen etwas artifiziellen Anwürfen durch gezielte Begleitbeleidigungen blutvolles Leben einzuhauchen. Gerne nennt Wehner den Abgeordneten der Deutschen Partei Schneider (Bremerhaven) »Ehrabschneider (Bremerhaven)« — so am 22. März 1958. Dem Innenminister Höcherl (CSU) ruft er zu: »Dürfen Abgeordnete mithören, Herr Mithörminister?« (7. Februar 1964). Dr. Jenninger (CDU/CSU) wird frontal erwischt: »Mann, hampeln Sie doch nicht so herum, Sie sind doch Geschäftsführer und nicht Geschwätzführer!« (16. Februar 1978). Am unelegantesten und wirkungsvollsten aber trifft Wehner den Abgeordneten

RAVE (CDU/CSU): »Herr Wehner, ich sage: Hier hat die Bundesregierung vor der Wahl in Nordrhein-Westfalen die Wähler in dem Raum zu täuschen versucht. Da beißt die Maus kein Faden ab.«

WEHNER (SPD): »Sie sind doch keine Maus, sondern eine Ratte!«

Herrlich. Und herrlich dämlich auch der larmoyante Zwischenruf des Abgeordneten Stark (CDU/CSU): »Herr Wehner rief: Sie sind eine Ratte, dieser vornehme Mensch Wehner!« (22. Januar 1976).

5. UNTER DIE GÜRTELLINIE ZIELEN

Warum nicht? Die Gürtellinie ist eine jener fließenden Grenzen, die von Generation zu Generation neu festgelegt werden muß. Darunter zu zielen, ist außerdem eine Sache, dort auch einen Treffer zu landen, eine andere. Wehner versucht es immerhin: »Sie haben in der Fragestunde und Sie haben jetzt Spott und Hohn auszugießen, auszupissen versucht . . .« (19. Dezember 1974). Oder: »Der Herr Strauß hat eine interessante Freudsche Fehlleistung gemacht. Die Präsidentin war ihm doch wohl eigentlich entgegengekommen, als sie — seine langatmige Antwort war im Grunde genommen ein Erguß auf die kurze, sachliche Anfrage der Bundestagspräsidentin« – eine Zweideutigkeit, die Dr. Marx (CDU/CSU) hörbar überfordert, da er sie hinten und vorne nicht versteht: »Vorsicht mit der Fäkaliensprache!« ruft er dazwischen (13. März 1975). Perlen vor die Säue, fürchte ich. Eindeutige Kraftwörter führen bei diesen Troglodyten weiter. Beispielsweise die Frage, die Wehner am 21. Mai 1974 an den Abgeordneten Wohlrabe richtete: »Sie sind ein Schwein, wissen Sie das?«

6. FÜR ÜBERRASCHUNGEN SORGEN

Eine der bekanntesten Beleidigungstechniken — so bekannt, daß ich sie gar nicht gesondert aufgeführt habe — ist die Retourkutsche. Natürlich bedient sich auch Wehner häufig dieser Möglichkeit:

> **DR. BARZEL (CDU/CSU):** »Ich habe nicht die Absicht, einen Pappkameraden hier aufzubauen, wie Sie das nannten.«
> **WEHNER (SPD):** »Sie sind ja selber einer.«

So weit, so üblich, auch das weinerliche Gepetze der CDU/CSU kann uns nicht mehr überraschen:

> **RASNER (CDU/CSU):** »Ein unverfrorener Mensch!«
> **RÖSING (CDU/CSU):** »Sie sind ja selber einer, hat er gesagt!«

Doch Wehner läßt die ganze Bagage elegant auflaufen:

> **BARZEL (CDU/CSU):** »Bleiben wir also bei Papp-kameraden.«
> **WEHNER (SPD):** »Schleimer wäre richtiger!«

Wunderschön. Obwohl bereits am 15. April 1970 ausgesprochen, immer noch gültig. Und rätselhaft. Wie schafft es einer, derart übergangslos die Schimpfschienen zu wechseln? Wehner schafft es immer wieder:

> **MÖLLER (CDU/CSU):** »Ich habe das Gefühl . . .«
> **WEHNER (SPD):** »Daß Sie überhaupt ein Gefühl haben, bezweifle ich.«
> **MÖLLER (CDU/CSU):** »Ach, Herr Wehner, Ihre für den deutschen Parlamentarismus beschämenden Ausbrüche kennt die deutsche Öffentlichkeit leider.«
> **WEHNER (SPD):** »Waschen Sie sich erst einmal! Sie sehen ungewaschen aus!«

Ein Einwurf, der Möller derart ins Schleudern bringt, daß er ohne jeden Anlaß damit beginnt, etwas vom Jahr 2000 zu faseln, bis ihm Wehner durch die schlichte Wiederholung den Todesstoß versetzt: »Waschen Sie sich erst einmal!« (20. März 1975).

Nicht viel besser ergeht es einem anderen CDU/CSU-Abgeordneten, dem offensichtlich delirierenden

> **DR. MARX (CDU/CSU):** »Was bedeutet denn dieser Besuch von Herrn Honecker in Addis Abeba? Es bedeutet, daß aufs neue auf Grund fremder Macht deutsche Soldaten unter afrikanischer Sonne verbluten müssen!«

WEHNER (SPD): »Brauchen Sie ein langes Manuskript dafür? Es wird allmählich unappetitlich.«

DR. MARX (CDU/CSU): »Ich hätte gerne gehört, daß Sie sich, Herr Wehner, in den letzten Tagen einmal geäußert hätten.«

WEHNER (SPD): »Das lassen Sie mal meine Sorge sein, Sie Regisseur!« (17. Januar 1980).

Ein verwirrender Vorwurf, der lediglich durch Wehners Zuruf an Dr. Zimmermann noch übertroffen wird: »Schämen Sie sich, Sie Frühstücksverleumder!« (28. November 1979).

7. OHNE FLEISS KEINEN PREIS

Und keine Größe, sollte ich sogleich hinzufügen. Beides wurde Wehner in reichem Maße am 20. März 1980 zuteil, einer Sternstunde seines Schimpfens, die durch zwei Ordnungsrufe gekrönt wurde. Doch wie zäh er sich den ersten erkämpfen mußte!

Wehners Rede zu Helmut Schmidts ›Bericht zur Lage der Nation‹ beginnt mit einem bereits legendären Höhepunkt, »Nun lassen Sie mich doch erst einmal ausreden, Sie Düffel-Doffel da!«, droht dann in den Niederungen platter Sachlichkeit zu versanden, gewinnt jedoch unversehens wieder an Fahrt:

DR. STARK (CDU/CSU): »Wenn Sie die Presse beschimpfen wollen, dann beschimpfen Sie nicht uns, Herr Wehner!«

WEHNER (SPD): »Reden Sie doch keinen Stuß, Sie weiser Herr!«

DR. STARK (CDU/CSU): »Jetzt haben Sie doch die Presse beschimpft.«

WEHNER (SPD): »Ja, ja. Nun gehen Sie hin und machen Sie eine Anzeige gegen mich, Sie Knabe.«

KITTELMANN (CDU): »Sie sind ja sehr liebenswürdig, Herr Wehner!«

WEHNER (SPD): »Mann, Sie sind doch nicht ganz voll . . . Glauben Sie, Sie können mich irritieren? Sie können ganz etwas anderes mit mir, aber nicht mich irritieren!«

SAUER (CDU/CSU): »Was können wir denn mit Ihnen?«

WEHNER (SPD): »Weil Sie es sonst unmöglich machen. Sie sind nämlich nicht Parlamentarier, sondern Sie sind das Abscheu-Bild eines Quasi-Parlamentariers!«

Erster Ordnungsruf, doch Wehner ist nicht zu bremsen. Die CDU/CSU-Chargen machen es ihm nun aber auch fast zu leicht:

SAUER (CDU/CSU): »Jetzt reicht es uns aber! Wir sind hier nicht im Sächsischen Landtag!«

WEHNER (SPD): »Ich gehöre dem Bundestag seit über 30 Jahren an. Solche Mob-Szenen wie in diesem 8. Bundestag hat es selten gegeben.«

KITTELMANN (CDU/CSU): »Das ist ein Skandal, was Sie sich da leisten.«

WEHNER (SPD): »Ja, ja, das ist ein Skandal! Sie sind ein Skandal für dieses Haus. Das ist alles!«

Ja, ist es leider. Dieser Schimpfkanonade folgte nichts Vergleichbares mehr. Noch einmal gelingt Wehner anläßlich seines 76. Ordnungsrufes eine schöne Bereicherung seines Repertoires, als er Dr. Riedl (CDU/CSU) am 12. November 1981 zuruft: »Sie verwechseln wohl den Bundestag mit der Oktoberwies'n, Sie Flaschenkopf!«, den 77. Ordnungsruf gibt es dann noch für den eher matten Ausdruck »Staatszerstörer«, mit dem er am gleichen Tage die CDU/CSU belegt.

Nun hat er aufgehört, öffentlich zu schimpfen. Wer trägt die Fackel weiter?

(1983)

Die geile Welt der 50er Jahre

Es begann in Berlin, in der ›Akademie der Künste‹. Dort sah ich die Ausstellung ›Grauzonen — Farbwelten, Kunst- und Zeitbilder 1945 — 55‹, dort kaufte ich den Katalog, dort las ich die folgenden Zeilen: »Die fünfziger Jahre sind wieder in. Nicht nur bei Punks und Freaks, sondern seit dem kalten Wechsel auch in Bonn ... Die Produkte der Massenkultur sind längst Requisiten für die Protestjugend der achtziger Jahre geworden. Aus der pfälzischen Provinz kommt ein Kanzler, der sich als Enkel Konrad Adenauers versteht, und in seiner Regierungserklärung sagt: ›Was 1949 gelang, unter schweren seelischen Wunden und materiellen Lasten, das ist auch heute notwendig und möglich.‹ Die Reformversprechungen der Sozial-Liberalen seien eine Anmaßung, gleichsam eine Versündigung gegen die natürliche Ordnung der Gesellschaft, die nur durch Opfer gesühnt werden könne ...«

Es ging weiter in Frankfurt. Die Begeisterung der Jugend für Moden und Stile der 50er hatte mich schon seit längerem vor Rätsel gestellt. Die Äußerung einer Lehrerin, die Jugend meine damit nicht nur die Oberflächenreize, sondern auch die Werte dieser Jahre, hatte mich tief nachdenklich gemacht. Wußte sie — diese Jugend — überhaupt, welchen Werten sie da nachtrauerte und hinterhereiferte? Mußten die, die es besser wußten, die Angehörigen meiner Generation, sie — diese Jugend — nicht warnen? Doch wer war sie überhaupt — diese Jugend? Viele, so viel war sicher. Zu viele, um alle persönlich anzusprechen, so viel war klar. So verfiel ich auf den Ausweg, wenigstens einen aufzuklären, den aber richtig. Aus diesem Grunde bat ich folgende Herren, sich am 24. 3. 1983 zu einem Symposion über die 50er zusammenzufinden: Hans Traxler (*1929), Chlodwig Poth (*1930), F. K. Waechter (*1937, übrigens auch mein Jahrgang), Hanno Rink (*1942) und, als Vertreter der Jugend, Jörg Metes (*1959).

Oh, hätte ich sie doch nie zusammengerufen! Dann hätte ich auch niemals die folgende Zusammenfassung dieses Symposions zu Papier bringen müssen:

»Tag Hans, Tag Chlodwig, Tag Fritz, Tag Hanno, Tag Jörg — 'n Abend? Wieso denn Abend? Ach so, weil's schon so spät ist. Gut, meinetwegen Abend, aber merk dir eins: Du redest, wenn du gefragt wirst. Nein, war nur ein Scherz. Ja, klar darfst du reden, sollst du sogar« — so fing es an. Rauh, aber herzlich.

Doch das Symposion will nicht so richtig in Gang kommen. »Was ist denn überhaupt ein Symposion?« — »Symposion ist, wenn . . . also die alten Griechen, die lagen dann so rum und tranken Wein und . . .« — »Apropos Wein — ich glaube kaum, daß man das hier als volles Glas bezeichnen kann.« — »Stimmt, sieht eher aus wie ein leeres.« — »Chlodwig, du als Gastgeber . . .« — »Immer ich!«

Doch schließlich haben alle ein gefülltes Becherchen vor sich stehen, und Gernhardt macht den Vorschlag, das 50er-Jahre-Symposion nicht intellektuell-abstrakt (angewidertes Kopfschütteln), sondern sensuell-konkret (erleichtertes Kopfnicken) zu führen.

»Die 50er Jahre sind wieder in Mode — ein Blick auf unseren jungen Freund bestätigt diese Behauptung: der Bürstenhaarschnitt, die engen, hochgekrempelten Jeans, die breitgerundeten Schuhe — genau so sind die Jugendlichen damals doch auch rumgelaufen . . .«

Widerspruch wird laut: »Welche Jugendlichen?« — »Du vielleicht, ich nicht.« — »Wie sind sie denn dann rumgelaufen?«

Ja wie? Bereits jetzt werden Risse in der scheinbar festgefügten 50er-Jahre-Fraktion deutlich.

Poth erinnert sich an seine Kunststudentenkluft, Anfang der 50er: »Eine ärmliche Zeit. Der angehende Künstler trug Trenker-Cord, die Professoren ließen sich beim Schneider Cord-Anzüge machen. Und als ich 1952 bei Dunlop anfing, ich gestaltete dort die Werkszeitung, da leistete ich mir ebenfalls einen Anzug, allerdings feineres Tuch, Maßkonfektion, einen Einreiher auf vier Knöpfe.« Traxler weiß noch, daß er vor allem elegant wirken wollte: »Dunkler Anzug, luftdichtes Nyltesthemd, wo es immer so kitzelte, wenn der Schweiß am Körper runterlief, und stets mit Krawatte.« Allerdings sei das ein schwarzer Strickbinder gewesen — ein Protest gegen die Seidenkrawatte.

»Protest? Damals schon?«

»Nur gegen die Seidenkrawatte. Sonst war ich völlig konform mit den Werten und Zielen der Zeit. Es ging ja bergauf. Dagegen war doch nichts zu sagen.«

Das freilich haben die jüngeren, Waechter und Gernhardt, in anderer Erinnerung. Sie hätten schon opponieren wollen, sie hätten bloß nicht gewußt, wie.

»Opponieren — wogegen denn?«

»Gegen die Gesellschaft, die dem Jugendlichen nicht den geringsten Auslauf oder Selbstausdruck gestattete. Die uns zwang, entweder als Spätwandervögel rumzulaufen — Windjacke, Lederhosen — oder als verkleidete Erwachsene — graugrüne Gabardinehosen und Dufflecoats . . .«

»Dufflecoats, sind das nicht . . .« doch Metes kommt nicht dazu, den Satz zu beenden, denn nun erinnert sich alles durcheinander: Aus kotzgrünem Popeline! Und querlaufende Ledertressen! Und links und rechts Bambusstäbchen als Verschluß! So liefen die jüngeren Lehrer rum, genau!

»Und ich«, ergänzt Rink düster. »Dufflecoat plus Cäsarenschnitt signalisierte nämlich den Intellektuellen.«

»Ja, aber . . .« — »Was aber?« — »Aber die Jeans und die tollen Tollen und James Dean und Elvis . . .« — »Aber das gab's für uns doch alles nicht!« fallen alle Metes ins Wort. »Wo warst du denn damals?« Erstens habe der Rock' n' Roll erst Mitte der 50er begonnen, und zweitens seien das alles erstmal Unterschichtvergnügungen gewesen, nichts für Angestellte, Studenten oder Oberschüler. Das Revival ausgerechnet der Trivialreize und Vulgärmoden der 50er ergebe doch ein völlig falsches Bild dieser Jahre.

»Selbst wenn man was haben wollte, dann gab's das nicht«, bestätigt Rink. »Hatte man schließlich der Mutter das Geld entsteißt, war man endlich zum Jeans-Kauf von Aschaffenburg nach Frankfurt gefahren — womit kam man heim? Mit einer Karikatur! Mit schwarzen Nietenhosen, die grüne Nähte und karierte Umschläge hatten — die echten Jeans kriegte man ja nur durch Beziehungen, in amerikanischen PX-Läden, es war ja nichts da!« — »Doch, wir!« — »Aber wie!« ereifert sich Rink. »So wie wir rumliefen, konnten wir uns doch nie dort sehen lassen, wo es am Abend passierte, in den Ami-Kneipen zum Beispiel; also ich jedenfalls mußte schon aufgrund meines Aussehens zwangsläufig in den Jazz-Keller, wo ich so zu tun hatte, als ob ich den lahmarschigen Cool-Jazz toll fand, wo zwar die hübscheren Mädchen waren und wo ich trotzdem immer wußte: Hier kommt es nicht zum Vögeln. Und darum ging's mir.«

Ein elektrisierender Einwurf, der geradezu wollüstige Erinnerungen beschwört, von »So ein Wort wäre damals nie über meine Lippen gekommen« (Poth) über »Das war damals noch hochlibidinös besetzt. Heute benutzen es die Frauen beim Italiener am Nebentisch, aber damals bekam man davon noch so eine Hose« (Traxler) bis zu »Da kam man gar nicht rechtzeitig aufs Klo!« (Waechter). Und als dann auch noch Metes einsteigt und »Das ist es ja eben!« ausruft, die 5oer seien eben noch eine Zeit der Naivität gewesen, das fasziniere doch so an ihnen: »Die Jungs wollten Mädchen, und Mädchen wollten Jungs, für Politik interessierte sich niemand, heute ist das alles viel gebrochener« — da sieht Gernhardt die ganze Aufklärungsarbeit völlig aus dem Ruder laufen und versucht eine einschneidende Kurskorrektur: »Natürlich haben wir uns für Politik interessiert, das haben wir doch — oder?« Haben wir nicht — das wird leider allzubald klar.

Da seien zwar finstere Dinge gelaufen, räumt Poth ein, Wiederaufrüstung und Kalter Krieg, offener Revanchismus und neofaschistische Parteien, KPD-Verbot und Nazis in der Regierung, doch sein vorherrschendes Gefühl sei nach den Erfahrungen von verendetem Nationalsozialismus und herrschendem Stalinismus gewesen: Schnauze voll von Politik. Etwas anderes habe ihn viel intensiver beschäftigt: »Schlagsahne, Bananen, Apfelsinen — das waren für mich doch alles nur Gerüchte oder vage Erinnerungen. Und auf einmal kam das alles wieder. Ich hatte eine lange Bücklingszeit . . . und eine lange Bratheringszeit . . . Und dann in Frankfurt gab es richtigen Whisky mit Eis drin und gesalzene Erdnüsse und Plattenspieler, die man nicht aufziehen mußte und . . .«, und unserem jungen Freund ist ganz deutlich anzusehen, wie toll er das alles findet, ja er sagt es auch noch: »Na toll! Jeder dachte nur an sein eigenes Glück, keiner hatte Skrupel, nichts wurde in Frage gestellt — das war doch phantastisch!« War es auch, wird ihm von Poth und Traxler versichert: »Dazu kommt, daß es in den 50ern noch ein echtes Gegenüber gab, mit dem man sich auseinandersetzen konnte. Die Lehrer waren noch Lehrer, alte Männer, nicht solche Kumpels, die sich in Jeans und Turnschuhen bei der Jugend anbiederten. Und die Polizisten waren noch Polizisten, Respektspersonen, keine Bubis mit Schnauz und langen Haaren. Und Italien war noch das ganz andere, wo es noch ganz andere Sachen zu essen gab, und die Frauen waren noch Frauen, und der Schniepel . . .« Ja — und heute sei die Jugend bereits in Teneriffa gewesen, bevor sie überhaupt noch Pieps gemacht habe, mischt sich nun auch Waechter ein, er dagegen sei noch als Zwanzigjähriger nicht weiter südlich als bis Hannoversch-Münden gekommen, und wenn man das mal auf den Sex übertrage —: »Ihr versteht?«

Und wie ihn alle verstehen, allen voran die Jugend in Gestalt des Herrn Metes: »Das ist ja eben unser Problem: alles zu dürfen. Jugend aber will Grenzen, und sei es nur, um sie zu überwinden.«

Besinnliches Schweigen. Aber es gebe doch immer noch Grenzen, wirft Gernhardt halbherzig ein, die Jugend müsse sie nur suchen. Er denke da beispielsweise an die Grenzen zwischen jungen Mädchen und älteren Herren: »Geht aufeinander zu! Reißt diese unnatürlichen Schranken ein!« — doch da ist niemand, der auf ihn hört.

Vielleicht hätte man doch eine Frau in die Runde laden sollen? Oder sollte man stattdessen noch einmal einen Versuch machen, die 50er Jahre als das darzustellen, was sie in Wirklichkeit waren, als durch und durch widersprüchliche, verlogene und verderbte Zeit, als ein Verlies für den Jugendlichen, in welchem er lebendigen Leibes . . . »Verlies?« — »Ich habe mich als Gefangener gefühlt, jawohl! Gekettet in Formen restaurativer Geselligkeit — Tanzstunde —, wo jede unbedachte Bewegung mit blutigen, wenn auch unsichtbaren Verletzungen bestraft wurde! Eingekerkert in sogenannte Jugendgruppen — Evangelische Jungschar —, die vom Pesthauch schwüler Schuldgefühle vergiftet waren . . . Wenn ich heute lese, wie ›Bravo‹ die Jugendlichen dazu ermuntert, ohne Angst zu onanieren . . .« — »Ja — wie ist eigentlich damals das Wixen losgegangen?«

Also er verdanke den entscheidenden Anstoß der Kirche, erinnert sich Gernhardt, so um 52 rum habe ein klerikaler Moralbeauftragter, Dr. Guido Kröger, an drei aufeinanderfolgenden Abenden derart eindringlich vor der Selbstbefleckung gewarnt, daß er, der ebenso unschuldige wie unaufgeklärte Zuhörer, es schließlich habe wissen wollen — »Im vollen Bewußtsein darum, daß ich eine ungeheure Sünde beging.« Ein dunkles Kapitel, bestätigt auch Poth, obwohl seine Wirrnisse ja noch in die 40er gefallen seien: »Onanieren höhlt das Rückenmark aus, du verschleuderst deine Manneskraft«, »3000 Schuß — und dann ist Schluß!« ruft Waechter dazwischen, die überraschendste Wix-Information aber weiß Rink beizusteuern: »Wir saßen am Flußufer und haben im Kreis unter Leistungsanspruch gewixt, als ein Fremder vorbeikam und uns zurief: Mann, spinnt ihr? Ihr dürft doch nicht im Sitzen wixen, das muß im Stehen geschehen, sonst holt ihr euch was!«

Na also! Endlich gewinnt die finstere Seite der 50er Konturen, »eine sehr anale Zeit« (Waechter), »eine einzige Angstpartie« (Traxler): »Erstmal gab es die Pille noch nicht, und zweitens wußte man nie, wo es stattfinden sollte. Ein Drittel der Deutschen, zumal die Jüngeren, lebte ja noch in Untermiete. Nachdem ich das erste Mal Besuch gehabt hatte — eine Freundin, die ich selbstverständlich vor 22 Uhr noch nach Hause brachte —, da waren hinterher alle Fenster meines Zimmers aufgerissen und alle Matratzen hochgestellt: Die Wirtin hatte den Drang verspürt, das Zimmer in meiner Abwesenheit zu reinigen, zu entsühnen.« — Diese Ungewißheiten damals! Waren die Mieder der Frauen nun unten zugänglich oder geschlossen? Diese Ängste! Gab es den Vaginalkrampf wirklich und wenn ja: War er durch das Pieken einer Nadel in den Po der Partnerin zu beheben? Diese Dunkelheiten! Hatten die Frauen überhaupt einen Orgasmus?

Schon konstatiert Gernhardt befriedigt, wie das Gesicht des jugendlichen Gesprächspartners immer nachdenklicher wird, schon glaubt er die Partie wenigstens halbwegs gewonnen, da schlägt die Stimmung jäh um: Ob die Probleme denn heute vom Tisch wären? fragt Poth plötzlich. »Wenn du mit vierzehn bereits weißt, daß die Frau ein Recht auf den Orgasmus hat, dann wird es für beide doch nur noch schwerer. Du hast mit dir schon ungeheure Schwierigkeiten, und dann sollst du auch noch für die Frau sorgen, das ist doch . . .«

»Eben!« schaltet sich da Metes ein. »Ein Problem, das als solches erkannt wird, muß auch gelöst werden. Das ist ja das Problem!«

»Aber es ist doch das Problematisieren die Voraussetzung jeder Aufklärung!« hält Waechter dagegen, und sie — »Wir alle!« — hätten in den 60ern doch nur deswegen alles problematisiert und hinterfragt, damit die Jugend es einmal besser habe: »Sie sollte unverkrüppelt, selbstbewußt und wissend aufwachsen!« — »Und bezahlt heute mit Beziehungskisten«, ergänzt Poth kühl, halblaut sekundiert von Metes, der etwas wie »Ach was! Ihr habt doch nur an euch und eure libertinistische Pseudo-Befreiung gedacht« murmelt.

»Haben wir nicht!« hält Gernhardt beschwörend dagegen. »Wir wollten alte Ängste abbauen, nicht neue schaffen.« — »Habt ihr aber.« — »Aber nein!« Aufklärung nämlich, fährt er fort, sei unteilbar, nicht generationsbeschränkt, sie bedeute auch heute nichts anderes als das, was Kant bereits so formuliert habe: Aufklärung ist der Ausgang des Menschen aus seiner selbstverschuldeten Unmündigkeit.

»Ich dachte, wir wollten nicht abstrakt werden.« — »Wollten wir auch nicht. Aber wenn diese ganze konkrete Scheiße immer so einen antiaufklärerischen Touch bekommt . . .« — »Schon mal was von Dialektik der Aufklärung gehört?« — »Wovon?«

Bei dem unverfänglichen Thema ›Humor der 50er‹ läßt sich trotz alledem noch einmal kurzfristig ein Konsens herstellen. Reihum sprudeln die Namen: Steinberg, Searle, Chaval, Flora . . . Alle erinnern sich noch der Faszination, den der heute meist so öde Ohne-Worte-Witz damals ausübte. Traxler: »Das waren völlig synthetische Witze. Du gingst als Zeichner einfach von optischen Entsprechungen aus. Etwa: Leute auf dem Friedhof. Normalerweise tragen die da Kränze. Also gabst du ihnen Autoreifen in die Hand — der Zusammenprall dieser Ebenen ergab die komische Fallhöhe. Wenn ich gut drauf war, konnte ich zehn solcher Witze an einem Tag zeichnen. Mußte ich auch, es gab ja nur 15 Mark pro Witz.«

»Immer noch zuviel für so einen Witz!« kräht Metes unbedacht dazwischen und sieht sich der geschlossenen Phalanx der Älteren gegenüber: »Das war Spitze!« — »Darüber konnten wir uns noch schimmelig lachen!« — »Arrogantes Gemüse!«

Endlich mal eine echte Konfrontation, doch allzu rasch lenken alle wieder ein: Heute gebe es natürlich viel mehr zu lachen, selbst von historischen Größen wie Keaton, Lubitsch oder den Marx Brothers habe man damals ja nur gewußt, nichts gesehen, nun aber sei das alles ständig präsent, in Programm-Kinos, in Videotheken: »Welch ein Humor-Angebot! Wieso seid ihr jungen Menschen eigentlich nicht fröhlicher?« — »Weil«, will Metes ansetzen, wird jedoch gleich doppelt gebremst, erst von Poth: »Das Leid- und Lustpotential bleibt sich eben gleich, unabhängig vom Angebot«, und dann von Rink, der unbedingt noch etwas nachtragen möchte.

»Wozu denn?« — »Na zu vorhin, zu den wahren Problemen der 50er. Die volle Härte nämlich . . . « — »Oh ja! Erzähl mal von der vollen Härte!« . . . die habe doch darin bestanden, daß es nicht zum Vögeln gekommen sei. Besonders bei Feten. Die ersten Schritte habe er ja noch im Griff gehabt: »Sobald Pat Boone lief, war Knutschen angesagt, anschließend Petting, doch dann habe ich mich schon verheddert!«

Das als Problem der 50er zu bezeichnen, sei doch ganz einfach eine Unverschämtheit! fährt ihm Metes in die Parade, doch Rink behauptet, alles Punkt für Punkt belegen zu können: »Wir sitzen in der Kneipe und sehen das Pokal-Endspiel Eintracht Frankfurt gegen Real Madrid in Glasgow, das die Eintracht dann 7:3 verlor, da kommt unser Freund Bobby rein, setzt sich auf den Boden und sagt: ›Das muß ich euch sagen, ich habe heute zweimal ins Schwarze getroffen.‹ Wir: ›Wie? Wo?‹ Er: ›Am Bahndamm.‹ Wir: ›Mit wem?‹ Er: ›Mit Mambo-Usch‹. Und da mischt sich ein Erwachsener ein: ›He, du! Hat die Mambo-Usch die Unterhose über den Strapsen oder drunter?‹ Und da kam Bobby ins Stammeln, denn das wußte er nicht — und das ist nämlich wirklich ein Problem!« — »Aber doch keines der 50er Jahre!« hakt Metes heftig nach. »Aber ja«, kontert Rink ungerührt, er wisse es noch immer nicht, auch heute: »Trugen die nun diese Unterhosen unter den Strapsen, dann ist das nämlich am Bahndamm nicht möglich, oder« — und damit ist das so hochgemut begonnene Symposion in einem derart seichten Fahrwasser gelandet, daß sein endgültiges Stranden nur noch eine Frage der Zeit ist:

»Und dann mein erstes Auto, ein 125 ccm Kleinschnittger ohne Rückwärtsgang . . .«

»Ich hatte eine Isetta. Die ganze Nacht bin ich mit der über den Nürburgring gepest . . .«

»Wie Heinz Helfgen! Mit dem Paddelboot um die Welt!«

»Das war doch Thor Heyerdahl!«

»Richtig! Helfgen war der mit dem Fahrrad!«

»Und mit den angebrüteten Enteneiern, die er immer gefressen hat. Weil die doch jung machen sollten!«

»Brauchten wir aber gar nicht, wir waren ja von selbst jung!«

»Gott, waren wir jung. Vom kleinsten Pubertierenden bis hinauf zum großen Adenauer.«

»Der mußte aber im Gegensatz zu uns einmal im Jahr in die Schweiz fahren, um sich Kälberhormone spritzen zu lassen!«

»Nein, nein! Der ließ sich immer in Cadenabbia Boccia-Kugeln einbauen.«

»Boccia-Kugeln? Wo denn?«

»Ja, wo wohl!«

Es ist spät geworden. Die Salzstangen gehen zur Neige. Der Wein ist längst alle. Das Gespräch verebbt: »Tschüß Hans, Tschüß Chlodwig, Tschüß Fritz, Tschüß Hanno, Tschüß Jörg — Morgen? Wieso denn Morgen? Ach so, weil's schon so früh ist. Gut, meinetwegen Morgen, aber merk dir eines: Du fragst, wenn du geredet wirst. Nein ich gestatte keine Zwischenfragen mehr, ich möchte in meinem Gedankengang fortfahren. Wo habe ich eigentlich meinen Gedankengang geparkt?«

So endete es. Roh, aber herzlos.

(1983)

Stell dir vor, es ist Krieg,
und keiner geht drauf

(1983)

Alle meine Titel

»*Gemäß § 16 UWG nehmen wir Titelschutz in Anspruch für . . .*« — *so beginnen die Titelschutzanzeigen, die die deutschsprachigen Verlage regelmäßig im ›Börsenblatt für den Deutschen Buchhandel‹ veröffentlichen. Jahrelang habe ich diesem Treiben mit einer nur mir verständlichen Apathie zugesehen, die Titelschutzanzeigen der Nummer 25 des Fachblattes allerdings brachten meinen Kopf zum Überlaufen. Das waren ja alles Projekte und Werke, an denen ich seit gut und gerne vielen Jahren herumdenke und — aber denken sollte eigentlich reichen: Unter Berufung auf die ungeschriebenen Gesetze geistigen Eigentums erhebe ich Einspruch gegen die folgenden schützenden Verlage sowie die nachfolgend angeführten Titel:*

CLAASSEN VERLAG, DÜSSELDORF! Du möchtest den Titel ›Zibulsky oder Antenne im Bauch‹ schützen. Das geht nicht. Zibulsky heißt nämlich zufällig die Hauptperson meines geplanten Gourmet-Romans, der in Radio-Fresser-Kreisen angesiedelt ist, die natürlich die Antennen mitverspeisen, da die ja bekanntlich das Beste sind.

ECHTER VERLAG, WÜRZBURG! Den Titel ›Du sammelst meine Tränen‹ kannst du leider nicht schützen, da *ich* deine Tränen ganz bestimmt nicht sammle. Bin ja selber die ganze Zeit am Heulen, wenn ich daran denke, wie nun mein Hobby-Sachbuch ›Tränensammeln — wo, wann, wie?‹ möglicherweise den Bach runtergeht.

ECON VERLAG, DÜSSELDORF! Achtundzwanzig Titel möchtest du auf einen Schlag schützen, darunter mir so liebe wie ›Chinesen über China‹, ›Einstieg in den Ausstieg‹ oder ›Laß uns 'ne Schnecke angraben‹. Na gut, sollt ihr haben. Einspruch allerdings erhebe ich gegen ›Kochen und Heilen mit Honig‹, da ich kurz vor der Fertigstellung meines Buches ›Basteln und Klekkern mit Honig, 150 handverklebte Seiten, Biene-Verlag‹ stehe. Also Finger weg!

JUGEND UND VOLK VERLAG, WIEN! Du glaubst doch wohl nicht im Ernst daran, daß an ›Anatol und die Wurschtelfrau‹ irgendwas zu schützen ist. Anatol, meine Frau und ich wursteln uns nämlich schon seit Jahren durch, ohne daß wir je den Wunsch verspürt hätten, unsere wunderschöne Dreierbeziehung als Buch verwurschtelt zu sehen. Und so soll's auch bleiben.

WILHELM HEYNE VERLAG, MÜNCHEN! Hat sich was mit schützen! Denn was ist dein Titel ›Echte Frauen mögen keine sauren Gurken‹ anderes als eine dreiste Kopie meines Erfahrungsberichtes ›Echte Gurken mögen keine sauren Frauen‹?

CHR. KAISER VERLAG, MÜNCHEN! ›Schreien‹ willst du schützen? Ich habe schon geschrien, als ihr noch gar nicht auf der Welt wart, und wenn ihr den Titel nicht sofort zurückzieht, fange ich gleich wieder damit an. — Drei, Zwei, Eins: Rabäääääähhhh!

RECHTSANWALT DIETER LIPHART, MÜNCHEN! »Unter Hinweis auf pipapo« nehmen Sie Titelschutz für Ihren Mandanten in Anspruch für folgenden Titel: ›Sweet Love (in allen Schreibweisen)‹ . . . Wirklich in allen? Auch in meinen? Schwiet Laff, Schwitzlopf, Schwatzkopf, Süsse Liebe und Südseeliesel? Das woll'n wir doch mal sehn, Herr Rechtsverdreher!

VERLAG MORSAK, GRAFENAU! Schütz du nur deine Titel ›Brauchtum im Jahreslauf‹ und ›Brauchtum im Lebenslauf‹ — mein Standardwerk ›Brauchtum im Dauerlauf‹ wirst du dennoch nicht verhindern können. Noch heute setz ich mich hin und schreib's, aber echt!

SCHERZ VERLAG, MÜNCHEN! Mit Rücksicht auf meine angespannte Gesundheitslage bitte ich dich, mich ab sofort vor Titeln wie ›Die Morde feiern, wie sie fallen‹ oder ›Alte Morde rosten nicht‹ in Schutz zu nehmen. Ich bin ein alter Mann, ich vertrage keine verballhornten Sprichwörter mehr. Nein, nein, auch nicht ›Morde haben kurze Beine‹, ›Morgenstund hat Gold im Mord‹, ›Was du heute kannst besorgen, das verschiebe nicht auf Morden‹, ›Aller Anfang ist Mord‹ oder ›Ende Mord, alles Mord‹. Alles nämlich ab sofort verboten, wird auch nie wieder erlaubt, gesagt ist gesagt, ein Mann, ein Mord.

SÜDWEST VERLAG, MÜNCHEN! Aus deinem Titelschutz für ›Die alte Linde — Ein Baum erlebt 800 Jahre‹ wird nichts, wird nichts, wird nichts! Der Baum hat die Veröffentlichungsrechte an seiner Geschichte nämlich mir überlassen, weil ich ihn im-

mer so nett bepinkelt habe; im Herbst oder wann startet meine
›Linde‹-Serie oder was: ›Linde wird gepflanzt‹, ›Linde schlägt
Wurzeln‹, ›Wurzel schlägt zurück‹ usw., usf. bis hin zu ›Linde
im Silberlaub‹ — Hände weg von der Linde!
STEINHEIM VERLAG, MÜNCHEN! Anstatt euch Titel schützen zu
lassen, sollte man die Menschen lieber vor euch schützen:
›Keine Angst vor der Ehe‹, ›Keine Angst vorm Kinderkriegen‹,
›Keine Angst vorm Erwachsenwerden‹, ›Keine Angst vorm
Älterwerden‹ — mit diabolischer Schläue lockt ihr eure Leser
in den Sog einer Fortsetzungsserie, deren letzter Titel nur
lauten kann ›Keine Angst vorm Abkratzen‹. Aber nichts da!
Für diesen Titel in sämmlichsten Schraipweihßn und Varianten
nämlich nehme ich Titelschutz in Anspruch sowie für, hat
damit nichts zu tun, fällt mir nur gerade ein, Klassebuchidee:
›Tittenschutz — die Geschichte der Damenoberbekleidung von
den Anfängen bis zur Gegenwart‹.

(1983)

Neulich beim Open Air Concert

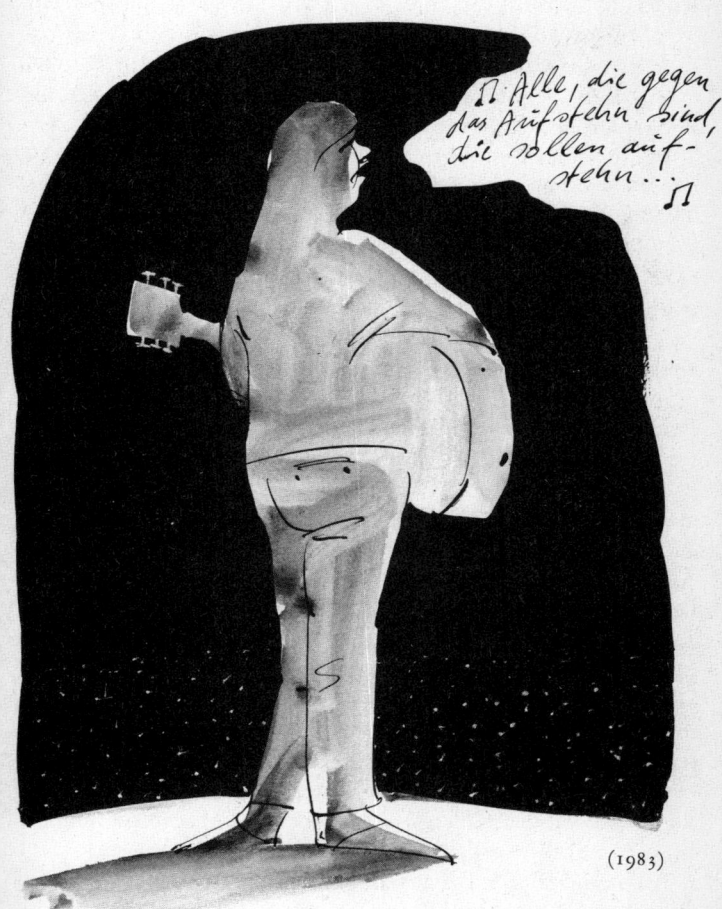

(1983)

Ein ungeheuer offener Brief

Anwaltskanzlei Norbert Gamsbart
Frankfurt, den 4.10.83

An Henri Nannen, Herausgeber der Illustrierten ›Stern‹.

Im Auftrage meines Mandanten Robert Gernhardt fordere ich von Ihnen Schmerzensgeld, Schadenersatz und Überbrückungshilfe in ziemlicher Höhe.

Begründung: Die von Ihnen verantwortete Publikation ›Stern‹ wies in ihrer Nummer 51 des Jahres 1982 folgendes Titelblatt auf: Neben einem nackten, an einschlägigen Stellen von Rosen umrankten jungen Mann stand der Aussagesatz »Die Männer werden keusch«, welchem sich der sehr groß abgesetzte Befehlssatz »Schluß mit dem Sex!« anschloß. Als langjähriger Leser sowie in der Hoffnung, das Heft enthalte eine Begründung dieses ihn verstörenden Gebots, erwarb mein Mandant Ihre Publikation. Darin fand er einen sechsseitigen Beitrag Ihres Reporters Hans Conrad Zander, welcher mit allen nur denkbaren Mitteln zur Keuschheit aufreizte: Mit der Behauptung, die Keuschheit sei eine unausweichliche Folge der Emanzipation: »Ja verdammt, die Frauenbewegung, die hat uns auf null Bock gebracht.« Mit der Berufung auf angebliche Äußerungen angeblicher Wissenschaftler wie Dr. Ruth Westheimer, New York: »Neinsagenkönnen ist geradezu ein Kennzeichen gesunder und selbstbewußter Männlichkeit geworden.« Mit der religiös verbrämten Verächtlichmachung des Vögelns: »Der 55jährige Keuschheitspapst Andy Warhol: ›Sex ist dummes Zeug für kleine Kinder.‹« Und mit dem in prophetenhaftem Ton gehaltenen Versprechen des Autors schließlich, der keusche Mann kriege Weiber, wie er's brauche: »Wahrlich ich sage euch, auf den Knien werden sie zu uns Männern kommen: Bitte! Bitte! Bitte!«

Aufgrund dieser Behauptungen, Drohungen und Versprechungen zog sich mein Mandant nach der Lektüre des von Ihnen zu verantwortenden Artikels unverzüglich aus dem aktiven Geschlechtsleben zurück, wobei er die freiwerdende Zeit mehr und mehr dazu nutzte, außer dem ›Stern‹ auch noch andere Publikationen zu lesen. Dabei fiel ihm die diesjährige Nummer 37 des Nachrichtenmagazins ›Der Spiegel‹ in die Hände, dessen Titelblatt neben einer äußerst unkeusch blickenden Spanierin und einem deutlich unkeusch tanzenden Spanier die Zeilen aufwies: »Die neue Carmen — Rückkehr zu Erotik«. Dem dazugehörigen Beitrag von Hellmuth Karasek mußte mein bestürzter Mandant entnehmen, daß nicht nur der Sex nie out gewesen war, nicht nur die Erotik jetzt in ist, sondern daß »der Carmen-Film mit seiner Carmen-Gemeinde eine Art Lackmus-Papier-Funktion hat: Er zeigt wie durch Verfärbung, daß sich das Klima verändert hat, das die Umgangsformen zwischen den Männern und Frauen bestimmt.« Da es der Lebenserfahrung widerspricht, daß sich die zwischengeschlechtliche Großwetterlage innerhalb von neun Monaten derart grundlegend verändern kann — von »Die Männer werden keusch« bis »Geheime Sehnsucht nach Josés Messer, jedenfalls nach einem Mann, der über der Leidenschaft alles andere vergißt« — bleibt nur der Schluß übrig, daß eine der beiden Publikationen bewußt und in gewinnsüchtiger Absicht die Unwahrheit gesagt hat. Welche? Nun, wer Führertagebücher nachmacht oder verfälscht oder nachgemachte oder verfälschte sich verschafft und in Verkehr bringt, der, Herr Nannen, schreckt auch nicht vor Verstößen gegen die folgenden Paragraphen zurück: § 131 (Amtsanmaßung), § 301 (Ausbeutung Minderjähriger), § 229 (Giftbeibringung) und § 220 (Völkermord).

Amtsanmaßung: »Wer unbefugt sich mit der Ausübung eines öffentlichen Amtes befaßt« — Es waren vor allem die religiösen Begründungen des Artikels, die meinen Mandanten dazu bewogen, der Keuschheit zu verfallen. Ihr angeblicher »Keuschheitspapst Andy Warhol« aber, Herr Nannen!, steht überhaupt keiner eingetragenen Kirche vor.

Ausbeutung Minderjähriger: »Wer in gewinnsüchtiger Absicht und unter Benutzung des Leichtsinns oder der Unerfahrenheit eines Minderjährigen sich einen Vermögensvorteil verschafft« — nun gut, mein Mandant ist fünfundvierzig. Langjährige ›Stern‹-Lektüre jedoch hat seine ohnehin anfällige Intelligenz derart untergraben, daß sie heute auf dem Niveau eines Dreijährigen dahinvegetiert. Beweis: Er kauft und liest den ›Stern‹ nicht nur, er glaubt auch noch, was drinsteht.

Giftbeibringung: »Wer vorsätzlich einem anderen, um dessen Gesundheit zu schädigen, Gifte beibringt, welche die Gesundheit zu zerstören geeignet sind« — die von Ihnen, Herr Nannen, angestiftete Aufhetzung zur Enthaltsamkeit hat die letzten Monate meines Mandanten derart vergiftet, daß es gar nicht zu sagen ist; nicht einmal er selber ist ja in der Lage, seinen Zustand in Worte zu fassen, nicht wahr, Herr Mandant? »Ääääh . . . Ich? Olé! Carmèn ahoi! Taramtammtamm! Stolz wie ein Spaniel! Seid gut zu Vögeln! Flamingo! Taramm!« — ach, lassen wir ihn! Die plötzliche Rückkehr zur Erotik hat seine gänzlich unvorbereiteten Sinne verwirrt.

Völkermord: »Wer in Absicht, eine nationale, rassische oder durch ihr Volkstum bestimmte Gruppe als solche ganz oder teilweise zu zerstören, vorsätzlich Maßregeln verhängt . . ., die Geburten innerhalb der Gruppe verhindern sollen« — Herr Nannen! Sind nicht Männer ebenfalls eine solche Gruppe? Und ist nicht Ihr Keuschheitsverdikt eine Maßregel, die Geburten innerhalb dieser Gruppe — nein? Was denn sonst, Herr Sexverbieter, was denn sonst?

Hohes Gericht, lassen Sie mich zum Schluß kommen! Meinem Mandanten ist durch seine durch Sie, Herr Nannen, provozierte neunmonatige Keuschheit vielfältiger materieller und ideeller Schaden entstanden: 1. Er könnte heute Vaterfreuden genießen. 2. Ihm ist Lustgewinn in ungeahnter Höhe entgangen. 3. Er hat einträgliche Verhältnisse gelöst, die mit dem Stichwort ›Bratkartoffel‹ nur sehr unzulänglich beschrieben sind. 4. Er ist völlig aus der Übung und daher 5. gänzlich unfähig, mit der gebotenen Geschwindigkeit und dem angesagten Gestampfe zur neuen, spanisch gefärbten Erotik zurückzueilen. Das alles, Herr Nannen, werden Sie mir teuer bezahlen! Nein, ihm! Nein, uns! Uns Männern!

Hochachtungsvoll!   Norbert Gamsbart

P.S. Unter uns Männern: Wenn Ihre, Hellmuth Karasek, im ›Spiegel‹ proklamierte »Rückkehr zur Erotik« auch nur wieder so ein saisonal bedingtes Medien-Windei ist, einer jener spekulativen Trendsetter- und Beutelschneiderartikel, dann, Herr Karasek, sind auch Sie dran. Ich verweise auf § 367,11 (Wilde Tiere): »Mit Geldstafe oder mit Haft wird bestraft, wer ohne polizeiliche Erlaubnis gefährliche, wilde Tiere hält oder wilde oder bösartige Tiere frei umherlaufen läßt« — Sie, Herr Karasek, können sich ja gar nicht vorstellen, wie wild, bösartig und frei mein Mandant umherlaufen wird, wenn es sich herausstellen sollte, daß sein eilends belegter Flamenco-Kurs und das unverzüglich gekaufte Klappmesser für die Katz waren, da auf einmal norwegischer Kuschelsex oder die brandneue Frigidität aufs Schild gehoben werden — nicht wahr, mein Mandant? »Si si! Ojé! ›Stern‹ — ›Spiegel‹ — ist doch alles Jacke wie José! Du Hellmuth? Ich Carmen! *Er entsichert sein Klappmesser.* Nimm dies! Und dies! Und dies!« *Stampfend nach links ab.*

(1983)

Die Stellvertreter

Millionen Fernsehzuschauer wurden Zeugen, wie sich Papst Johannes Paul II. am Weihnachtsdienstag »unter vier Augen« (Abendpost) mit seinem Attentäter Ali Agca traf. »Zwanzig Minuten lang sprach er mit ihm ›wie mit einem Bruder‹ allein in der Zelle, während das Wachpersonal und die Begleiter des Papstes vor der Tür warteten« (FAZ).

»Die Zellentür blieb dabei offen« (Abendpost) — anders hätte das bewegende Zusammentreffen wohl auch kaum gefilmt werden können. Doch worüber wurde dabei geredet? »Was wir uns gesagt haben, ist ein Geheimnis zwischen ihm und mir‹, wies der Papst Journalisten-Fragen nach Einzelheiten zurück« (Abendpost). Eine Auskunft, mit der sich unser Chefreporter Frieder Findig unmöglich zufrieden geben konnte. Und er schaffte das Unglaubliche — frage uns keiner wie, das bleibt ein Geheimnis zwischen ihm und uns —, hier jedenfalls ist es, das Original-Protokoll des Original-Geheimgesprächs des Original-Opfers des Türken mit seinem Original-Attentäter:

PAPST Friede sei mit dir, mein Sohn. *Er schaut sich um*. Nett hast du es hier. Eine saubere Zelle, gutes Licht — das kann alles so bleiben.

ALI Du bleiben?

PAPST Nein, nein, ich muß gleich weiter. Wir wollen hier nur etwas drehen.

ALI Ich drehen? *Er dreht sich*.

PAPST Du doch nicht. Und schon gar nicht zum Flur. Da steht doch die Kamera.

ALI Kamera? *Er schaut zum Flur*.

PAPST Nein, nein, nein! Du sollst nicht in die Kamera schauen. Schau mich an. Oder nein — schau auf den Boden. Na komm, senk den Kopf etwas, mein Sohn, und noch etwas . . . und noch etwas . . . Halt, halt, halt! Senken habe ich gesagt, nicht hängenlassen. Ehrfürchtig und schuldbewußt soll's

ausschaun, aber nicht verzweifelt. Schließlich hast du ja allen
Grund zur Freude.

ALI Du Freude?

PAPST Nein du. Ich bin nämlich der Papst, falls dir das entgangen sein sollte. Und wo immer ich hinkomme, freuen sich die Leute. Manche warten sogar stundenlang, nur um mich zu treffen. Aber wem sage ich das alles?!

ALI *sich umblickend* Wem sagen?

PAPST Dir natürlich. Und guck nicht so in der Gegend rum, das verwirrt die Zuschauer nur. Wir sind schließlich allein in der Zelle. Also, mein Sohn, was hast du mir zu sagen?

ALI *sich umblickend* Sagen? Wer sagen?

PAPST Ali, sei so gut und halte für einen Moment still. Versuch mal, ganz ruhig irgendwohin zu gucken — meinetwegen auf mein Kreuz.

ALI Kreuz gucken? *Er versucht, um den Papst herumzugehen.*

PAPST Ach was! Nicht Kreuz hinten, Kreuz vorn. Brustkreuz. Du sollst mein Brustkreuz anschauen! Ja, das hier. Das blickst du jetzt an, und dann sagst du irgendwas.

ALI Was sagen?

PAPST Na was wohl? Irgendwas Zerknirschtes. Du bist doch zerknirscht — oder?

ALI Wer knirscht?

PAPST *Zerknirscht!* Paß auf: Du hast auf den Papst geschossen, und nun hast du lebenslänglich und sitzt in deiner Zelle im römischen Gefängnis Rebibbia und bereust deine Tat, und auf einmal geht die Tür auf, und wer kommt herein?

ALI Der Fernsehen?

PAPST Nein, der Papst. Und er kommt, um dir unter vier Augen zu verzeihen. So, wie seinerzeit unser Erlöser seinen Häschern verziehen hat: Herr vergib ihnen, denn sie wissen nicht, was sie tun.

ALI Sie nicht wissen, was tun?

PAPST Ich? Ich weiß genau, was ich tue. Aber du, mein Sohn, du scheinst immer noch nicht zu wissen, was hier gespielt wird. Also hör noch mal gut zu: Ich bin der Stellvertreter Christi auf Erden, und du bist der Stellvertreter der Häscher unseres Heilands. Und damit die Leute sehen, daß das Wort

Christi noch lebendig und der Papst sein rechtmäßiger Nachfolger ist, werde ich dir jetzt ganz heilandmäßig unter vier Augen vergeben — klar?

ALI Geben? Was geben? Zigaretten?

PAPST *Ver*geben! Na mach schon, mein Sohn! Jetzt stehen wir hier bald zwanzig Minuten rum — wenn wir so weitertrödeln, kommen wir nicht mehr in die Abendnachrichten. Also: Du schaust jetzt betreten zu Boden und sagst irgendwas Zerknirschtes, dann lächle ich und fasse dich am Arm, dann blickst du langsam, leicht ungläubig hoch, und dann schauen wir uns brüderlich an. Alles klar? *Pause.* Ob das klar ist?

ALI *nickt.*

PAPST *zur Kamera* Alles klar — wir können!

Klappe. Ali schaut betreten zu Boden, er murmelt etwas, der Papst lächelt und faßt ihn am Arm, Ali blickt langsam und leicht ungläubig hoch, beide schauen sich brüderlich an.

REGISSEUR *vom Flur* Sehr schön . . . Und weiteranschaun . . . brüderlich weiteranschaun . . . Ja . . . Und wenn Eure Heiligkeit jetzt Ali die Hand geben könnte . . . Ja . . . so . . . Und du Ali, du kniest jetzt mal nieder . . . Jawohl — du knien . . . Und tiefer . . . Bis auf Boden knien . . . Und jetzt Ring küssen . . . Den Papstring natürlich . . . Jaa . . . Und küssen . . . Und noch etwas küssen . . . Danke! Wunderbar. Gestorben!

PAPST Haben wir's? *Nachdenklich.* Das mit dem Knien und Küssen würde ich schneiden. Etwas zu dick — oder?

ALI Ich dick?

PAPST Nein, nein. Gut schaust du aus. Gehab dich wohl, mein Sohn. Pax tecum. *Ab.*

»Am Schluß des aufsehenerregenden Gesprächs kniete Agca nieder und küßte den Bischofsring des Papstes« (Abendpost). »Zum Ende des Gesprächs soll Agca vor dem Papst niedergekniet haben« (FAZ).

(1984)

Vom Scheiß der Zeit

>Wer kennt sie nicht, die grünen Toilettenkabinen, deren Einsatzgebiete unerschöpflich sind« — so beginnt einer der zugleich bedenkenlosesten und bedenkenswertesten Texte, die ich in der letzten Zeit zu Gesicht bekam. Ich kenn sie nicht, die grünen Toilettenkabinen, trotz ihrer unerschöpflichen Einsatzgebiete. Dabei hatte ich immer gedacht, das Einsatzgebiet einer Toilette sei einigermaßen erschöpflich: Mehr als reinmachen kann man ja eigentlich nicht — oder doch? Und worum geht es überhaupt?

>Neuzeitliche Konzeption: Ein Partnerverbund und sein System!« nennt sich der Beitrag, der in der Zeitschrift des Landschaftsverbandes Rheinland, ›im blickpunkt‹, erschienen ist. Der Partnerverbund aber heißt ›Hyclo‹, und der baut nicht etwa lediglich hygienische Klos, sprich Toilettenkabinen, die sich ohne Kanalisationsanschluß in die Landschaft stellen lassen, ach was, er realisiert »ein System mit Pfiff«, mehr noch: »eine zweckmäßige, konsequente und humane Konzeption«.

>Human« — das Wort fällt bereits in der vierten Zeile des zweispaltigen Artikels, und schon zu diesem frühen Zeitpunkt keimte in mir der Verdacht, der Verfasser des Beitrags müsse

ein Politiker sein, einer, der sich heimlich ein Zubrot verdient und nun so gedanken- wie rücksichtslos sein gesamtes Terminologiepotential, sein vollständiges Arsenal an erprobten Reizwörtern rückhaltlos in den Dienst der, wer kennt sie nicht, grünen Toilettenkabinen stellt.

Erst mal bleibt der Schreiber freilich noch einigermaßen auf dem Teppich, wenn man von der Tatsache absieht, daß er dem einzelnen Wort augenscheinlich mißtraut und, wenn es irgend möglich ist, zur haltbareren Verdoppelung greift. So sind die Wanderklos »in einem qualitativen, hochwertigen Verfahren hergestellt«, »in Verbindung mit einem neuzeitlichen, modernen Design«, und wenn die Kabine mal gereinigt wird, dann geschieht dies — erraten! — »sehr gründlich und konsequent«. Doch schon ein Satz wie »Die mittig angebrachte, nach außen zu öffnende Kabinentür vermittelt die ganze Kabine« läßt aufhorchen. Kann man die Selbstverständlichkeit, daß die Türe nicht etwa am Eck oder auf dem Dach angebracht ist, zugleich wuchtiger und nebulöser vermitteln? Man kann. Denn noch fehlt diesem Satz jene letzte Würze, die nur ein hemmungslos plaziertes Fremdwort beizumengen imstande ist: »Das in der Tür integrierte Frei/Besetzt-Schloß weist anschaulich, neben dem ureigensten Zweck, auf eine großzügige und anspruchsvolle Systematisierung der Gesamtauslegung der Toilette hin.«

Als ich so weit gelesen hatte, zog ich das erste Mal meinen Hut: Das in der Tür integrierte Schloß ist eine Meisterleistung, trotz des anfechtbaren Dativs. Wie da eins ins andere greift, das Schloß in die Tür — und nicht etwa in die Klobrille —, die Tür in den Zweck, die Systematisierung in die Gesamtauslegung und die schließlich in die Toilette — das ist ganz einfach vorbildlich und schließt die allseits geforderte Integration sozialer Randgruppen gleich mit ein: »Auch an viele unserer ausländischen Mitmenschen ist gedacht. So wurde eigens eine Steh-Toilette entwickelt, damit die individuelle Hygiene verwirklicht ist.«

Von da ab kam ich gar nicht mehr dazu, den Hut wieder aufzusetzen. Denn nun erst ließ sich der Verfasser so richtig aus der Kurve tragen, nun brauchte er sich nicht mehr bei platten Einzelheiten wie »dem formschlüssigen Abzugsrohr«, der »integrierten Nachfüllflasche« oder »dem Toilettenpapier-Spezial-doppelhalter« aufzuhalten, nun konnte er sich ganz und gar der »Veranschaulichung der mit der Kabine verbundenen Vollreinigungs-Dienstleistungen« widmen, der »abgerundeten Entsorgung«, kurz: »dem neuzeitlichen Dienstleistungspaket als konstruktive und fundierte Konsequent-Lösung für die Hygieneprobleme außer Haus«.

Endlich ist er beim Thema: Das bewegliche Scheißhaus als Heil der Welt und der Hyclo-Partnerverbund als sein Prophet. Von »Basisarbeit in weiteren Bereichen« schwallt er, von der »aufklärenden Referatsarbeit bei Instituten, Gewerbeaufsichtsämtern, Gewerkschaften«, von »aufzuzeigenden Richtlinien«, von der »Konsultation und Mitarbeit in Laboratorien und sonstigen Einrichtungen« — und so konsequent er hochstapelt, so gründlich schaufelt der Klo-Apostel auch die ungemein tiefgreifenden Wurzeln des Hyclo-Partnerverbundes frei, bitte schnallen Sie die Gurte an, es geht zu den Müttern: »Die dem Partnerverbund *zugrunde liegende* Ideologie *basiert* auf einer jeweils regional konsequenten, flexiblen und partnerschaftlichen Bewerkstelligung der umfangreichen und *fundierten* Dienstleistungen bzw. Kundenbetreuung.«

Doch nicht nur Höhe und Tiefe, auch die Breite wird von der grünen Toilettenkabine optimal abgedeckt: »Da in der BRD eine überregionale, schwerpunktmäßige Streuung erreicht wird, ist diese durchdringende Präsenz des transportablen Sanitärsystems gegeben« — durchdringender hätten das alles auch die Biedenkopf, Kohl, Verheugen oder Hauff nicht formulieren können. Haben sie es gar formuliert?

Natürlich nicht. Die haben ganz anderen Scheiß um die Ohren und in den Hirnen. Und der Verfasser der Zeilen ist natürlich nichts weiter als ein kleiner Lohnschreiber. Allerdings einer, der den Volks- und Interessenvertretern genau aufs Maul geschaut hat, bei Regierungserklärungen und Wahlreden, bei Tagungseröffnungen aller Art und Schlußkommuniqués jedweder Richtung. Und das hat er dabei gelernt: Nie geht es da um das simple Überleben der Partei, die schlichten Interessen des Verbandes, den bloßen Profit der Gruppe, die schiere Maximierung der Knete. Stets erfolgen aber auch alle Aktivitäten ausschließlich im Hinblick auf das große Ganze, das ja nur dann überhaupt lebensfähig ist, wenn der jeweilige Teilbereich voll integriert ist, handle es sich nun um den mittelständischen Unternehmerverband oder das freistehende Verbundklo. Nie will jemand etwas für sich, stets geht es darum, der aktuellen Forderung nach einem Mehr an partnerschaftlicher Humanität auch und gerade — aber nein. Dieser neudeutsche Verlautbarungsstil muß gottlob nicht mehr parodiert werden, das hat unser unbekannter Autor ein für allemal besorgt, meisterhaft, wenn auch unfreiwillig.

Er soll daher auch das Schlußwort sprechen dürfen. Nur noch eine Frage vorweg: Profitiert denn gar niemand von der ganzen Scheißerei? Antwort: »Durch den ständigen, engen Erfahrungsaustausch, sowie mittels gemeinsamer Optimierungsprogramme der Partnerfirmen, profitieren Kunden und Verbund gemeinsam —« danke, das genügt! Nein, nein, es reicht. Es langt wirklich!

Unter dem Beton ist der Beton

Das ›Beton-Bauteile-Magazin‹ macht einen auf Zeitschrift, ist aber nur ein Werbeprospekt. Der hängt, beispielsweise, in Intercity-Zügen, die Lektüre kostet also nichts, außer Zeit und Nerven. Das Heft hat sechzehn Seiten, ganz viele bunte Bilder und nur ein finsteres Ziel: mit allen Mitteln Stimmung für Beton zu machen.

Beton scheint zur Zeit eine schlechte Presse zu haben; Baubiologie, Altbauerhaltung und Grün haben eine gute. Also versuchen die Betonhersteller nachzuweisen, daß auch sie genau in diesem Trend liegen. Tun sie natürlich nicht, um so volltönender müssen sie in die Leier greifen. Diese Angestrengtheit hat Folgen: komische, ärgerliche, schauerliche. Komisch ist, was das Magazin allen Ernstes als gelungene Altstadtsanierung verkaufen will. Angesichts einer Ansammlung spitzbedachter Klobigkeiten im wehrhaften Brutalo-Look wird es schwärmerisch:

In den Proportionen eine Spitzweg-Idylle, in Material und Konstruktion modern: Beton für die Sanierung alter Städte.

Ein Jammer, daß Spitzweg diese Idylle nicht mehr hat malen können, er wäre als Vorläufer von Mondrian in die Kunstgeschichte eingegangen. Ein Witz, zu behaupten, diese Neubau-

Klötze würden irgendwas sanieren, außer die Bilanz der Beton-Hersteller. Doch die sind — Frechheit siegt — noch zu ganz anderen Behauptungen fähig. Sie setzen sich vehement für den Minigarten ein. »Platz ist überall«, versichern sie. Auch da, wo sie gerade alles zubetoniert haben? Gerade da!

Durch ein gekonntes Pflanzenarrangement entstehen selbst auf den unvermeidlichen „Nutzflächen" hübsche Minigärten.

Nicht mehr so witzig, oder? Wieso war es eigentlich unvermeidlich, die gesamte Fläche mit Beton zu pflastern? Hätte man nicht wenigstens ein paar Löcher für die Pflanzen lassen können? So staunt der Laie, der Beton-Fachmann aber wundert sich über so viel Unverstand. Er muß doch Beton verkaufen, viel Beton, so viel Beton, wie irgend an den Mann zu bringen ist. Also wird er zuerst dafür sorgen, daß da, wo er hinlangt, kein Gras mehr wächst, anschließend aber wird er dem Bauherrn formschöne Beton-Pflanztröge andrehen: Grün ist doch in. Das Arrangement ist gekonnt, der Maxiprofit unvermeidlich, überm Beton-Pflaster ist der Beton-Pflanztrog — und drunter? Kann man da nicht auch noch absahnen? Kann man:

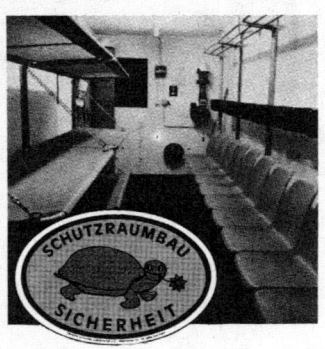

»Nach einem Baukastensystem, mit dem Schutzräume aus Beton-Bauteilen für neun bis fünfzig Personen zusammengesetzt werden können, wurde der abgebildete Schutzraum errichtet. Die schmunzelnde Schildkröte ist das Symbol für Sicherheit in Krisenzeit.«

Als ich so weit gelesen hatte, da wußte ich: Der nächste Krieg wird noch viel schrecklicher, als ihn uns selbst abgebrühte Apokalyptiker bisher ausgemalt haben. Während draußen die Natur verstrahlt, die Zivilisation vernichtet und der Mensch versaftet wird, werden die Überlebenden in ihren Schutzräumen aus Betonbauteilen auf das Poster einer schmunzelnden Schildkröte starren, die eine Blume im Maul trägt. Sie werden in Broschüren blättern mit Titeln wie »Was tun, wenn Bombi fällt — Knifflige Fragen für helle Köpfe« oder »Sei kein Saftsack — Top-Tips für Überlebenskünstler«. Im Radio werden die Service-Wellen melden: »Im gesamten Gebiet der Bundesrepublik muß weiterhin mit starkem Fallout gerechnet werden. Eine Umleitungsempfehlung kann nicht gegeben werden. Und nun weiter mit Musik . . .«, und das Fernsehen wird derweil die Sendung bringen: »Mach mit — bleib fit — Ein Schutzraum-Trimm-dich-Spaß mit Elmar Gunsch«. Und jeder im Schutzraum wird an seinem Strahlenanzug einen Button der ›Arbeitsgemeinschaft Strahlenschutz‹ tragen — »Es reicht doch, wenn die Sonne strahlt« — und jeder einen Sticker des ›Info-Center deutscher Jod-Hersteller‹ — »Lieber Jod als Tod« —, und im Auftrag der provisorischen Bundesregierung wird ein Psychologen-Team in Zusammenarbeit mit der Werbeagentur Optitrend bereits eine Postwurfsendung vorbereiten, die dem ersten Schock beim Verlassen des Schutzraums vorbeugen soll: »Null Bock auf Schock — Kleiner Ratgeber für Raussteiger«, und beiliegen wird ein Aufkleber mit einem schmunzelnden Hai, der ein Messer im Maul trägt — das Symbol für aktive Tötungsbereitschaft in Krisenzeit, und — aber warum in die Ferne schweifen, seht, das Schlimme hängt so nah. Beispielsweise in den Intercity-Zügen, herausgegeben von der ›Beratungsstelle Betonbauteile‹, 53 Bonn 1.

Die armen Schweine

›Schweinewelt‹ — so nennt sich nicht etwa das Zentralorgan Deutscher Politchaoten, so heißt eine Zeitschrift voller »Berichte und Informationen für die Schweinepraxis«. Dreißig Seiten rund um das Schwein, Monat für Monat, und das bereits seit sieben Jahren. Doch das Schwein scheint ein unerschöpfliches Thema zu sein, das ›Schweinewelt‹-Inhaltsverzeichnis für 1981 zählt etwa 250 Beiträge auf, für den Laien rätselhafte, ›Entgangener Nutzen für Umrauschen der Sau‹, für den Fachmann erfreuliche, ›Sonnenschein am Schweinemarkt‹, und für das Schwein bedenkliche: ›Die beste Vorbeugungsmaßnahme: Ferkeln die Schwänze kupieren‹, ›Kannibalismus vorbeugend bekämpfen‹, ›Weidegang für Sauen passé?‹, ›Verhaltensstörungen bei Mastschweinen‹, ›Ferkel kastrieren im Einmannbetrieb‹, ›Hoher Anteil streßanfälliger Schweine‹ oder ›Tierfutter aus Abfallschlamm‹. Da bekommt der Titel ›Schweinewelt‹ ungewollt einen kritischen Nebensinn — welch schweinische Welt, zumindest für Schweine.

In groben Zügen haben sich ihre Probleme ja herumgesprochen: Der Mensch hat ihnen das Fett weg- und Koteletts hinzugezüchtet, ohne zugleich Knochen, Rückgrat und Herz zu stärken. Die aber müssen ein längeres, fleischreicheres Schwein tragen und durchbluten; das wiederum führt zu Knochenschäden und Herzfehlern, die das arme Schwein oft vorzeitig kollabieren lassen, weshalb es von Ferkelsbeinen an mit Tranquilizern vollgestopft wird. So übersteht es auch die Enge in den Metallkoben besser, so kann es sich beruhigt seiner Hauptaufgabe widmen: sehr schnell sehr viel Fleisch anzusetzen, in fünf Monaten von 15 auf 100 kg zu kommen.

Tierfreunde nennen diese Art von Aufzucht ein Martyrium und weisen auf die etwa zwei Millionen Schweine hin, die jährlich während der Mast verenden; Menschenfreunde warnen vor all den pharmazeutischen Chemikalien, die an die Schweine verfüttert werden — neben Beruhigungsmitteln vor allem Antibiotika —, und beklagen die Qualität des wäßrigen Fleisches stressgeplagter Schweine — nichts davon findet sich verständlicherweise in der ›Schweinewelt‹. Aber auch nichts dagegen. Nichts wird bestritten oder beschönigt, alles jedoch aus dem Blickwinkel dessen gesehen, der es nicht mit der Aufzucht von Lebewesen, sondern mit dem »Einsatz guten Tiermaterials«, kurz: mit der »Schweineproduktion« zu tun hat. Bei einem Gewinn von etwa DM 13,— pro Mastschwein heißt es haarscharf kalkulieren, um weiterhin in der Rentabilitätszone zu bleiben. Lohn-, Energie- und Futterkosten lassen sich nicht senken, also müssen die Schweine sich steigern. Alle Schweine. Auch die Zuchtsauen? Gerade die Zuchtsauen: »Galten bisher also 16 Ferkel pro Sau und Jahr als das anzustrebende Leistungsniveau, so werden jetzt 18 Ferkel gefordert mit folgender Begründung: Um den Betriebszweig Ferkelerzeugung langfristig rentabel zu machen, müssen als Leistungsforderung 18 aufgezogene Ferkel immer je Sau und Jahr angesetzt werden.« Der das fordert, ist der Landwirt Lentföhr aus Schleswig-Holstein, und er weiß, wovon er redet: »Seit 1977/78 hat sich im nördlichsten Bundesland kein biologischer Wert spürbar verbessert.« Auch nicht bei den Mastschweinen? Besonders bei den Mastschweinen nicht: »Dasselbe gilt für die biologischen Daten bei der Schweinemast.« Will sagen: Seit vier Jahren stagnieren Futterverwertung, tägliche Zunahme und Verlustquote, seit vier Jahren frißt das Schleswig-Holsteiner Mastschwein 3,44 kg Futter, um 1 kg Zuwachs zu produzieren, seit vier Jahren nimmt es täglich nur 570 g zu, seit vier Jahren geben 3,22% der Gemästeten vorzeitig auf — ja passen diese Schweine denn überhaupt noch in eine Zeit, die — Stillstand ist Rückschritt — nur dank ständig steigender Zuwachsraten noch nicht völlig vor die Hunde gegangen ist?

Landwirt Lentföhr ist guten Mutes: »Als Ziel für die nahe Zukunft nennt Lentföhr: Zuwachs unter 1:3,2 kg, über 600 g tägliche Gewichtszunahme und Verlustquote langfristig unter 3%.« Auch andere Schweinefachleute teilen seine Zuversicht, wie eine Litanei ziehen sich Lentföhrs Forderungen durch das Heft, ein Glück, daß Schweine nicht lesen können. Sie könnten sonst womöglich einwenden, daß das nicht geht: weniger fressen und mehr zunehmen. Muß aber gehen. Geht auch, versichert die chemische Industrie. »Das große Ziel beim Schwein rückt näher« — so lautet die Headline einer Bayer-Anzeige für den Wachstumsförderer bayo-n-ox, ein wahres Retortenwunder, das alles verspricht, was das Schweineherstellerherz begehrt: »Verkürzte Mastzeiten, mehr Produktivität, weniger Kosten« usw. usf. »In 21 Wochen von 5 auf 110 kg?« fragt die Anzeige lockend, eine dumme Sau, wer da nicht sofort »Jawohl! Immer her damit« riefe — nur wer große Ziele anstrebt, kann Großes erreichen, meint natürlich großen Reibach.

Ich habe die ›Schweinewelt‹ gerne gelesen. Es ist ein so ehrliches Journal. Da ist so jeder Lack so gänzlich ab. Kein heuchlerischer Nebensatz streift auch nur die Interessen der Schweine oder die der Verbraucher, alles, alles dreht sich um den Schweineproduzenten, der seinem Produkt nicht mehr Gefühl entgegenzubringen scheint als ein Hersteller von Plastik-Eimern oder Büroklammern. Bereits Ferkel verenden an Herz- und Kreislaufschwäche? Schon ein Transport ist ihnen zu aufregend, schon ein Kampf um die Rangordnung in der Gruppe bedeutet für die Quieker eine lebensbedrohliche Stresssituation? So ist es, bestätigt Dr. Eike Roth aus Lessahn. Ja — müßte man da nicht darauf sinnen, das offensichtlich nur noch bedingt lebensfähige, von Geburt an kranke Schwein von Grund auf zu sanieren? Nichts da, meint der Doktor und schlägt statt dessen vor: »Nur hungrige Ferkel zusammenlegen« — da wird der Kreislauf der Kämpfenden nicht so belastet; »Abends neue Gruppen bilden und sofort das Licht löschen« — alte Herbergsvaterweisheit; »Die Ferkel in sehr enge Buchten bringen« — da können sie nicht so zubeißen; und — das wird unsere Pharmaindustrie beruhigen zu hören — »Einsatz von Beruhigungsmitteln« und »des neuen Geruchsüberdeckers NF 28«.

Neben solch durchgehend klaren Worten fallen zwei kleine

›Schweinewelt‹-Ausrutscher kaum ins Gewicht. Da ist einmal die unangemessen gefühlsbetonte Wortpaarung »frohwüchsige Ferkel«, die hin und wieder in Anzeigen und Beiträgen auftaucht — wen interessiert denn das »froh«? Hauptsache, die Erzeugnisse sind »wüchsig«, und zwar so schnell wie möglich.

Auch irritierten mich die vielen komischen Schweine, die mich beim Durchblättern der Zeitschrift von Anzeigen und aus Beiträgen anlächelten. Das beginnt auf der Titelseite mit dem Signet des ASR Verlages, in dem die ›Schweinewelt‹ erscheint, und endet beim ›Schweinewelt-Forum‹, da, wo »Ferkelkäfige«, »Freßliegeboxen« und »Schweinenippel« angeboten werden. Wäre es nicht an der Zeit, diese Kindereien endgültig den Kinderbüchern zu überlassen? Mir jedenfalls war beim Anblick der bayo-n-ox-Anzeige sehr viel wohler. Da steht es, das Reiß-

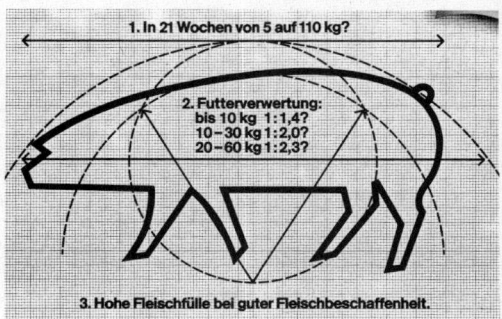

1. In 21 Wochen von 5 auf 110 kg?

2. Futterverwertung:
bis 10 kg 1:1,4?
10–30 kg 1:2,0?
20–60 kg 1:2,3?

3. Hohe Fleischfülle bei guter Fleischbeschaffenheit.

brettschwein unserer Tage. Noch erinnert das Ganze entfernt an ein Tier, doch das große Ziel ist schon sehr nahe gerückt: die volldurchgestylte Retortensau, bei deren Anblick einem das Mitleid ebenso vergeht wie der Appetit.

Unordnung und spätes Leid

Gerne würde ich das ›Haus Babyglück‹ der Heinz Messmer GmbH rückhaltlos loben. Gerne würde ich seinem Slogan »Immer das Neuste fürs Baby« aus voller Hose zustimmen — wer wollte den weltoffenen, modernen Babies von heute auch zumuten, sich mit dem überholten Plunder von gestern zufriedengeben zu müssen? Niemand, auch ich nicht. Doch der Fortschritt hat seinen Preis. Es steht zu befürchten, daß zumindest eine der ›Babyglück‹-Neuerungen Folgeschäden nach sich ziehen kann, von deren Ausmaß sich heute noch niemand eine rechte Vorstellung zu machen vermag. Niemand, außer mir . . .

Vor mir liegt ein Prospekt. ›Top-Set‹ ist er überschrieben, was an Top-Manager oder Jet-Set denken läßt, jedoch lediglich ein neues Wort für eine sehr alte Sache ist: für den Topf, das Töpfchen, den Pipi- oder Kackipott. Der freilich hat sich dank der Kreativ-Designer des ›Hauses Babyglück‹ mächtig verändert und zum Besseren entwickelt. Da wird nicht mehr einfach auf irgendeinem topfartigen Gebilde herumgedruckst, jetzt ermöglicht ein »schalenförmiger, den Konturen des Kindergesäßes anatomisch genau angepaßter Sitz funktionsgerechtes Sitzen«. Da »liegt das Gesäß nicht hinten auf«, nein, »es hängt völlig frei« — Sire, geben Sie Gesäßfreiheit! Da bezaubert das funktional einwandfreie Kunststoffwunder nicht nur durch »seitlich abgerundete Schenkelauflagen und eine anatomisch ausgebildete Rückenstütze« — Ausbildung für alle! —, sondern weist auch noch die »breite, abgerundete Vorderpartie mit erhöhtem, geschwungenem Höcker« auf, ein Gebilde, dem der Prospekt-Texter den etwas enttäuschenden Namen ›Bubischild‹ verpaßt hat — ich hätte, analog zu ›Top-Set‹, Wortballungen wie ›Piss-Off‹ oder ›Pinkel-Shield‹ für angemessener gehalten.

Meine Sorgen möcht ich haben. Als ob es nicht viel gewichtigere gäbe, die der ›Top-Set‹-Crew etwa. Herren, die offensichtlich alle aus der Automobilbranche stammen, da sie offenbar sofort daran gegangen sind, ihr technisch ausgereiftes Grundmodell mit den schönsten Extras auszustatten. Serien-

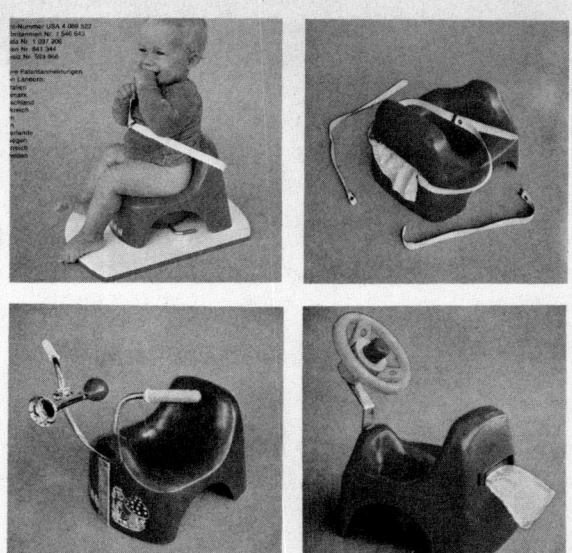

mäßig gibt es jeden ›Top-Set‹ undurchsichtig oder durchsichtig und in einer Farbe nach Wunsch: von pop-gelb bis glasklar. Serienmäßig ist auch die eingebaute ›Top-Set-Testbox‹: »75 Hygiene-Tücher in handlicher Lagenaufmachung als Kassette griffbereit im verlängerten Rückenteil des Topfes. Mittels einer Schlitzöffnung wird der jeweilige Bedarf herausgezogen« — und wenn der dann alle ist, kann nachbestellt werden: Bestellnummer 2642.

Damit sind wir denn auch schon bei den Extras, die über Nr. 2643, »Wegwerfbeutel mit Haftklebestreifen«, und Nr. 2644, »Behälter mit Haftsauger und 5 Dufttabletten ›Duftifix kölnisch‹«, immer kühnere Formen annehmen: »Vakuum-Bodensauger, mit Griffhebel«, »Bodenplatte beschichtet, Hartfaser, Rand lackiert« und »Schutzgürtel, Kunststoff« — doch halt! Denn nun befinden wir uns bereits im Vorfeld jener ›Top-Set‹-Zutaten, die, das befürchte ich, für den ›Top-Set‹-Benutzer von heute dereinst nicht folgenlos bleiben werden.

Schutzgürtel? Es ist ein regelrechter Sicherheitsgurt —: »Erst gurten, dann kacken.« Und auch die weiteren Accessoires spielen immer deutlicher ins Automobilistische: Als Nr. 2648 kann ein »Lenker mit Ballhupe, Leichtmetall beschichtet« dem Töpfchen vorgebaut werden, als Nr. 2649 sogar ein »Lenkrad mit Hupe, Kunststoff, Halter aus Leichtmetall«.

Na und? höre ich nun sagen, soll doch Baby sein Erleichterungsglück ruhig gurtend, hupend und lenkend finden, — was ist denn schon dabei?

Nichts, zugegeben. Doch was passiert, wenn das derart konditionierte Baby, älter geworden, seine erste Fahrstunde nimmt? Es lehnt sich im anatomisch ausgebildeten Fahrersitz zurück, legt den Gurt an, greift zum Lenkrad, wie von Geisterhand öffnet sich der Schließmuskel, fahrig tastet der /die Entgeisterte nach der ›Top-Set-Box‹ in der Rückenlehne — doch er/sie greift ins Leere! Statt der erwarteten 75 Hygiene-Tücher — kein einziges! Dieweil der Fahrlehrer . . .

Ich meine: So geht es nicht. Wenn schon Baby frühzeitig daran gewöhnt wird, daß auch noch jeder Scheiß seinen Aufpreis hat, dann sollte es als Erwachsener auf keinen liebgewordenen Komfort verzichten müssen. »Erst hupen, dann pupen«? Gut. Doch dieses Konzept sollte im Interesse der Betroffenen ausgeweitet werden.

Wann setzen sich das ›Haus Babyglück‹ und die Häuser VW, Ford, Opel, BMW, Mercedes etc. mal zusammen — zwecks Kooperation, Produktabstimmung und ausgereifter Nachfolgemodelle? Und: Was kriege ich an Prozenten, wenn aus meinem Vorschlag was wird?

Ein Mann sieht rot

»Liebe ist meine Botschaft, meine Lehre. Sie ist der Kern dessen, was ich gemacht und gelehrt habe. Soweit ich es sehe, leidet die Menschheit an zu wenig Liebe« — so spricht der Bhagwan Shree Rajneesh, und wenn ich die Nachrichten aus Oregon richtig sehe, dann hat er zur Zeit selber an zu wenig Liebe zu leiden. Die amerikanischen Behörden nämlich wollen ihn ausweisen, und bevor der Bhagwan nun wieder damit anfängt, anderswo große Ländereien zusammenzukaufen, sie von seinen Sannyasin kostenlos bestellen zu lassen und darob bei den nichterleuchteten Eingeborenen böses Blut zu erregen, möchte ich ihm raten, doch lieber gleich zu uns in die Bundesrepublik zu kommen.

Genauer nach D-8531 Langenfeld, in die Hauptstraße 19. Dort nämlich befindet sich die ›Divya Sannyas Fashion‹, zu deutsch: eine Sannyasin-Bedarf-Boutique, und in der scheint exakt jene Stimmung zu herrschen, die der Bhagwan nicht müde wurde zu lehren, als er noch den Mund aufmachte: »Ernsthaftigkeit ist eine Krankheit. Schweigen und Lachen, das ist der Schlüssel. Innen Schweigen und außen Lachen.«

Ich war zwar noch nie da, in D-8531 Langenfeld, doch das Schicksal spielte mir einen Prospekt der ›Divya Sannyas Fashion‹ in die Hände. Erst sah ich nur rot, dann aber guckte ich mir alles genauer an, die Fotos von Swa Prem Garbha und das Design von Ma Sybille und all die liebenswerten Menschen in all den tollen Sachen, und zusehends wurde ich fröhlicher und fröhlicher, ja, ich kam regelrecht ins Kichern.

»Ein Sannyasin muß alles von sich werfen, was gegen Liebe ist, was sich der Liebe entgegenstellt« — das meint augenscheinlich vor allem erstmal die gewohnten Klamotten, auf daß der Körper befreit werde für »Knickerbocker in Pink«, »Blazer rot«, »Smak-Jeans in Rost und Bordeaux« und all die anderen liebevoll gefärbten Schlabbersachen in Aubergine, Ziegelrot, Himbeer, Wein- und Stahlrot, Rosa, Violett-pink, Hell- und Cherryrot.

»Der Mensch könnte unglaublich glücklich sein; nichts fehlt, die Welt ist voll von allem, was gebraucht wird — die Sterne und Bäume und die Flüsse und Berge« — hier irrt Bhagwan. Oder flunkert er nur ein wenig? Denn *das* müßte er selber doch am besten wissen: Wo in aller Welt gibt es — kostenlos, versteht sich — »Briefpapier mit Bhagwan-Bild und Zitat«? Oder ein »Bhagwan-Feuerzeug«? Nein, nein, verehrter Meister, alles hat seinen Preis. Die Sterne sind umsonst, richtig, doch das Feuerzeug ist nicht unter DM 2,90 und nur in der ›Divya Sannyas Fashion‹ zu haben, der »Meditationsschemel« kostet schon DM 35,–, und wenn jemand seinen Allerwertesten mal so richtig liebevoll auf den Erleuchteten donnern will, dann muß er knapp kalkulierte DM 39,– hinlegen — so viel nämlich kostet das »Sofakissen mit Bhagwan-Portrait«.

»Logik ist das Oberflächlichste und Überflüssigste, das es gibt. Je tiefer man geht, desto mehr Mitgefühl von Herz zu Herz tut sich auf« — wohl wahr, Herr Guru. Tiefer als Langenfeld geht's kaum, also gürte deine »Häkelschuhe« (DM 39,90), häng um deine »Samthängetasche« (DM 35,–) oder den »Stoffrucksack in verschiedenen Farben« (DM 28,–) und mache dich auf zur ›Divya Sannyas Fashion‹, wo die Sannyasin dich begrüßen werden mit »Duftkerzen« (DM 4,90) und beölen mit »Duftölen« (DM 4,50). Und sie werden dich besalben mit »Rosen Body-Lotion« (DM 9,50) und behängen mit »Korallenketten« (DM 135,–) und beschirmen mit »Schirm« (DM 39,90) und belustigen mit »Handpuppen Hund und Maus« (DM 15,–) und beschenken mit »Geldbörsen« (DM 12,–), und sie werden den Kopf in den Nacken werfen und ganz laut lachen und dir auf den Bauch patschen, und wenn du dir das alles irgendwann nicht mehr mit ansehen können solltest, dieses Gemisch aus neuem Leben und alter Geschäftstüchtigkeit, spiritueller Anmache und finanzieller Abgreife, Mala-Kettchen und Modefrettchen sowie die ganzen aufgeklebten Wölkchen, dann verlange ganz einfach nach »Augenbinden« — vergiß aber nicht, vorher DM 6,90 einzustecken!

Überall ist GE-WO-Land

›Ausbau und Wohnumfeldverbesserung — ein Instrument der Stadtentwicklungspolitik‹ — so nennt sich ›Eine Dokumentation der Gemeinnütziger Wohnungsbau e. G. Oberhausen‹, und wenn es nach mir gegangen wäre, so hätte sich meine Lektüre auf den sperrigen Titel beschränken können. Was kümmern mich Wohnumfeldverbesserungen im fernen Ruhrgebiet? Leider schlug ich die prächtige Broschüre dann doch auf, geriet auch sogleich in den Sog der vielen schönen bunten und der zahlreichen tristen schwarz-weißen Bilder, fragte mich immer häufiger, was das alles denn solle, und fing schließlich, zuerst noch widerwillig, an zu lesen. Was ging da vor?

Etwas Zukunftweisendes, das verrieten bereits die einleitenden Grußworte. Als erster grüßte Dr. Christoph Zöpel, Minister für Landes- und Stadtentwicklung des Landes Nordrhein-Westfalen: »Programme, seien sie auch noch so gut gemeint, nützen nichts, wenn sie nicht umgesetzt werden« — stimmt Wort für Wort, gilt aber nicht für die Gemeinnützige Wohnungsbau e. G., denn die hat umgesetzt, und wie: »Insbesondere auf dem Gebiet der Wohnumfeldverbesserung ist die GE-WO richtungweisend gewesen. Die vorliegende Dokumentation gibt hierfür ein beredtes Beispiel!«

Gibt sie noch lange nicht, denn erst muß sich noch Friedhelm van Mond, der Oberbürgermeister von Oberhausen, darüber freuen, »daß die in dieser Dokumentation näher beschriebenen Maßnahmen inzwischen Modellcharakter haben«, und dann klopft sich Helmut Tepper, der Vorsitzende des Vorstands des Gesamtverbandes gemeinnütziger Wohnungsunternehmen e. V., kräftig auf die Schulter: »Ältere Wohnquartiere werden systematisch und mit Bedacht in eine wieder attraktive Heimat für die Mitglieder umgestaltet ... Lebensqualität ... menschenwürdiges, freundliches Zuhause ... Wir beglückwünschen einen der Unsrigen ... gute und nachahmenswürdige städtebauliche Leistung« — doch nun fängt die eigentliche Broschüre aber gleich an. Was gibt's denn da zu feiern?

Die GE-WO, eine Wohnungsgenossenschaft, die rund 5200 Wohnungen in der BRD besitzt, hat drei dieser Wohnanlagen renoviert, wobei sie auch die Umgebung der Häuser veränderte. Recht alte Häuser — sie stammen aus den 20er und 30er Jahren —, recht verwilderte Umgebungen, all das entsprach »nicht mehr den derzeitigen Wohnvorstellungen« — wer immer die festlegt — und nicht den Interessen der GE-WO: »Es liegt nicht in der Philosophie von Wohnungsgenossenschaften, ihre stadtzentralen Wohnungen ›verslumen‹ zu lassen« — was immer das nun wieder für eine Philosophie sein mag. Eine menschenfreundliche, versichert die GE-WO: »Wir legen betonten Wert auf den Dienst an unseren Mitgliedern durch optimale Förderung der Lebensqualität und der Lebensfreude«, und so wurden denn auch vor dem Ausbau allerlei Gespräche mit den Wohnungsnutzern geführt, »Globalgespräche, Detailgespräche und Einzelgespräche«; auch zur Farbgestaltung durften sich die Nutzer äußern, wobei sie einer »grellen, unnatürlichen Farbgebung bei der Gestaltung der Hauswände« eine Abfuhr erteilten und sich für »warme Erdfarben« entschieden. Alles prima, doch so richtig prima wird die GE-WO-Festschrift erst durch die vielen Fotos, die nach der bewährten Vorher-Nachher-Methode vorführen, was alles sich da so richtungweisend wie wohnqualitativ verändert hat.

Auf den ersten Blick vor allem die Fototechnik und das Klima. Die Vorher-Bilder sind durchweg schwarz-weiß, manchmal leicht verwackelt, nie scheint auf ihnen die Sonne. Die Nachher-Bilder dagegen: jedes gestochen scharf, alle bunt, stets von Licht durchflutet. Hat sich das geblendete Auge an den neuen Glanz gewöhnt, entdeckt es weitere Verbesserungen:

»Alte Fassade grau und trist« — »Für die neuen Fassaden wurden die warmen Farbtöne Orange, Ocker und Braun bevorzugt« — so ist es, doch wurden überdies noch ein trister Baum und zwei graue Giebel wegradiert, so daß die neue Fassade nun nicht nur sehr warm, sondern auch reichlich merkwürdig ausschaut: Silogleich und kahl ragt das Treppenhaus in die Höh', dafür hat das Treppenfenster ein Ersatzgiebelchen erhalten, das nun derart verloren zwischen den sprossenfreien Wärmeschutzverglasungen hängt, als wüßte es, daß solch ein nostalgisches Schnörkelchen eigentlich nichts im Rahmen rigoroser Wohnumfeldverbesserungen zu suchen hat.

Hat es auch nicht. Denn wenn man den Wohnumfeldverbesserern eines bescheinigen muß, dann den Mut zur völligen Rücksichtslosigkeit: Wie da sämtliche Essen, Dachgauben, Erker, Gesimse sowie alles Grünzeug weggehobelt wurde, um Platz zu schaffen für topfebene Wände, breitgezogene Sehschlitze und pflegeleichte Hartlaubgewächse — das ist ebenso durchgreifend wie bedenkenswert. Weshalb dieser rabiate Kahlschlag? Warum die Verwandlung zwar unansehnlicher, aber doch ganz ausgeprägter Häuser in Wohnklötze, deren architektonisches Vorbild eindeutig der Bunker ist?

»Die Aufgabe war nicht leicht: hier sollten moderne, attraktive und doch preiswerte Wohnungen durch Ausbau entstehen!« — mit diesen Worten präsentiert die GE-WO fast anklagend eine der Vorher-Ansichten.

Die Aufgabe ist gelöst! beweist das Nachher-Foto. Die Häuser haben sich zu prächtigen Schuhkartons in warmen Erdfarben gemausert, vor allem aber ist das Drumherum nicht mehr wiederzuerkennen, die ... die ... Umgebung? Kalt. Der ... der ... Freiraum? Wärmer. Das ... das ... Wohnumfeld? Heiß: »Die Gestaltung des Wohnumfeldes ist für die Erhaltung einer Siedlung ebenso wichtig wie die Ausstattung der Wohnungen. Nur das Zusammenwirken beider Maßnahmen kann dem Entstehen einseitiger Bevölkerungsstrukturen entgegenwirken, vor einer ›Verslumung‹ bewahren«, sagt die GE-WO. Vom »Wohnen in parkähnlicher Umgebung« spricht sie, »großzügig gestaltete Freiräume« nennt sie die kahlen Rasenflächen, und einmal kommt sie der Sache schon sehr nahe: »Die Verbesserung des Wohnumfeldes erhöht die Identifikation.«

»Erleichtert die Identifizierung«, würde ich sagen, für all die kleinen Blockwarte, die da in ihren Festungen auf der Lauer liegen und — alles unter Kontrolle — ins verbesserte Wohnumfeld starren, stets auf der Hut vor — ja wovor eigentlich? Vor Stadtindianern? Terroristen? Dem Entstehen einseitiger Bevölkerungsschichten? Anzeichen der Verslumung? Oder geht es lediglich um die Frage, was Frau Küsel und Frau Juskowiak da eigentlich so lange zu bekakeln haben?

Mutmaßungen, ich weiß. Manche mögen's steril — weiß ich auch. Aber ob die GE-WO mit ihrer Rundumplanierung wirklich den Geschmack aller oder doch der meisten Wohnungsnutzer getroffen hat? Für die Genossenschaft ist das keine Frage: »Die GE-WO hielt auch hier ihr in ihrem SOZIAL-BAU-KODEX verankertes Versprechen: ›Die individuellen Wünsche und Vorstellungen des Mitglieds werden — soweit wie eben möglich — berücksichtigt.‹«

Eine Behauptung, die weitere Fragen aufwirft — Wie wurde denn nach diesen individuellen Wünschen gefragt? Wo verlief denn die »Soweitwieebenmöglich«-Grenze? — berechtigte, jedoch müßige Fragen, da die GE-WO-Broschüre die Antworten schuldig bleibt. Stattdessen erhärtet sie Seite für Seite die schreckliche Gewißheit, daß die GE-WO und ihre Barden frei von jedem Unrechts- oder doch wenigstens Problembewußtsein sind. Daß sie Wort für Wort glauben, was sie da sagen. Daß sie den Kahlschlag wirklich für eine Philosophie, die Sterilität wirklich für Lebensqualität und die rundum abwaschbare, allseits einsehbare Siedlung wirklich für die Erfüllung menschlicher Wohnumfeldträume halten.

»Ich hoffe und wünsche, daß diese Dokumentation nicht ein Abschluß, sondern insbesondere für ihre Leser Anreiz und Ausgangspunkt dafür ist, auf dem hier vorgezeichneten Wege selbst initiativ zu werden« — so beendet Minister Zöpel sein Grußwort. Ich hoffe inständig, daß kein Leser auf ihn hört, weiß jedoch, daß das ein frommer Wunsch bleiben wird. Überall ist ja bereits GE-WO-Land, ob im durchgehend gekachelten Frankfurt oder in den durchgreifend verschandelten Kleinstädten und Dörfern. Und überall gilt sicherlich auch die stolze GE-WO-Bildunterschrift, mit der ich diese freudlose Betrachtung halbwegs erfreulich zu enden hoffe: »Diese freundliche Fassade hält auch innen, was sie von außen verspricht.«

Der Ewige Deutsche

›Konditionstraining für jedermann‹ heißt die fünfundfünfzig Seiten starke Schrift, Dr. med. Dr. phil. Hans-Henning Dehmel hat sie geschrieben, erschienen ist sie in Berlin — zweifellos ein deutsches Dokument. Doch bereits der erste Satz läßt aufhorchen: »Leninpreisträger Professor N. M. Amossow, der bekannte sowjetische Herzchirurg, dessen Buch ›Herzen in meiner Hand‹ viele Leser in der Deutschen Demokratischen Republik kennen und schätzen« — aha! Daher also weht der Wind! — »stellt in einem Interview mit aller Deutlichkeit fest: ›Bewegungsarmut und fehlendes Training sind die Hauptursachen der Krankheiten des modernen Menschen.‹«

Eine Einsicht, für die nicht unbedingt ein Leninpreisträger hätte bemüht werden müssen — ähnliches pfeifen weltweit alle Doktoren von sämtlichen Dächern —, doch eine DDR-Gesundheitsbroschüre hat offenbar so anzufangen, um folgendermaßen enden zu können: »Unter Führung der Sozialistischen Einheitspartei Deutschlands wird unsere Gesellschaft im engen Bündnis mit der Sowjetunion diese soziale Sicherheit ständig erhöhen.«

Doch solche gen Osten gerichteten Kotaus sind reine Pflichtübungen. Auf den restlichen Seiten kommt die Brudermacht kein einziges Mal mehr vor, da wird es so deutsch, deutscher geht es nicht. Da wird Punkt 5.00 Uhr aufgestanden und Punkt 21.30 Uhr ins Bett gegangen, da ist der Tag derart durch Arbeit, Ruhepausen, Sport-, Spazier- und Gymnastikeinlagen ausgefüllt, daß sage und schreibe eine einzige Stunde nicht verplanter Freizeit übrig bleibt: »20.30 Uhr — lesen, Radiohören, sich unterhalten, Schach spielen, fernsehen usw.«

Ein Fitnessprogramm also, das fast ausschließlich der Reproduktion der Arbeitskraft dient, eines, in dem nicht einmal ein Spielfilm von normaler Länge unterzubringen wäre, eines aber auch, das in seltsamem Widerspruch zur erklärten Absicht des Verfassers steht: »Es geht um ein reiches, langes und schönes Leben.«

Lang mag ein solches Leben ja werden (und vor allem scheinen): »16.45 Uhr Lüften des Arbeitsraumes, auf dem Heimweg Einkäufe erledigen, 18.00 Uhr Abendessen, so wenig wie möglich, 19.00 bis 20.00 Uhr Hausarbeit (Ehemann und Kinder helfen!), 20.00 Uhr anstrengende Fahrradtour oder Holzhakken, danach Kleiderwechseln, waschen/duschen, 20.30 Uhr lesen etc.« — aber ob dieses Leben auch reich und schön wird? Mit dieser einen freien Stunde, die der DDR-Bürger, glaubt man dem Verfasser, am sinnvollsten in einem guten Klub verbringt? »Von einem guten Klub weiß man: Dort ist immer was Interessantes los: ein Wohngebietsfest oder ein Bridge-Abend, eine Briefmarkenausstellung oder ein Münztauschabend, ein Vortrag über Sexualerziehung und Liebe oder eine Dia-Ton-Serie über Kosmonauten.«

Aber auch der Mensch im Sozialismus lebt nicht für die Arbeit, die Entspannungsgymnastik und die Kosmonauten-Dia-Ton-Serie allein, auch er will mal richtig Ferien machen. Soll er auch, meint auch Dr. Dr. Dehmel, vor allem aber sollte der Ferienmacher vor Fahrtantritt des Doppeldoktors drei Seiten langes Kapitel »Beispiel für eine Tageseinteilung bei Autoreisen« studieren, denn wenn einer Kondition braucht, dann der Autofahrer: »Auch für einen geübten Kraftfahrer ist eine reine Fahrtdauer von sechs bis sieben Stunden je Tag (also 350 bis 400 Kilometer) außerordentlich anstrengend.«

Kein Wunder, wenn der Fahrer mit 50 km/h Durchschnittsgeschwindigkeit durch die Landschaft schleicht, mag nun mancher voreilige Leser denken, doch gemach. Daß sich die Fahrt so elend hinzieht, liegt nicht am DDR-Gefährt oder am Fahrer, sondern an der »Tageseinteilung« des Dr. Dr. Dehmel, der spätestens hier die Maske des Menschenfreundes fallen läßt und sich als gnadenlos sadistischer Feldwebel zu erkennen gibt. Egalweg verreisen? Das könnte den Kerls so passen! Erstmal wird nämlich gar nicht verreist: »Urlaubstouren nicht am ersten Ferientag antreten! 2 bis 3 Tage benötigt der Organismus zur Umstimmung: Vorbereitung der Urlaubsreise, intensives körperliches Training, Spaziergänge . . .« Und ist einer lange genug um den Pudding gelaufen, dann darf er immer noch nicht von jetzt auf gleich weg. Die Fernreise beginnt nämlich bereits am Vortage: »Vorbereiten: 1 Thermosflasche kalte Milch oder Fruchtsaft, 1 Thermosflasche schwach gesüßten Kaffee oder Tee, Pfefferminzplätzchen, Ascoffin, 1 nassen Waschlappen (im Plastikbeutel), 1 kleines Handtuch« — all das plus diverse andere Reisehilfen liegt bereits bereit, denn am Reisetage heißt es so knapp wie barsch: »Möglichst früh die Reise antreten, Abfahrt zwischen 4 und 6 Uhr morgens.«

Freilich nicht ohne 1½ Stunden Vorbereitungszeit: »Aufstehen, Frühsport, Waschen, Frühstück plus etwa 15 bis 20 Minuten, um die Verkehrssicherheit des Fahrzeuges zu prüfen bzw. herzustellen«, was wiederum bedeutet: »Ist die Abreise für 5 Uhr geplant, muß das Wecken um 3.30 Uhr erfolgen.«

Also dann, wenn es auch im Sommer noch schön dunkel ist, aber gut, um 5 ist's ja schon heller, der Trabant fährt immer schneller, allerdings nicht lange, denn: »Spätestens um 6.30 Uhr erste Kurzpause: Aussteigen, Blase entleeren« — gut, daß das im Programm steht, man würde sich ja sonst dauernd in die Hose machen — »Körper strecken und dehnen, Spaziergang von 5 Minuten, 3 Minuten Spurt auf der Stelle, kleiner leichter Imbiß . . .« Und so fortan: »7.30 Uhr nächste Kurzpause«, dann 9.30 Uhr, dann: »10.30 Uhr längere Pause, Lockerung des Körpers, 10 Minuten Spaziergang, leichte Mahlzeit« — was da zusammengefuttert wird! — »½ Stunde ruhiges Liegen (Decke oder Luftmatratze)« — vielleicht hätte man doch nicht schon so früh aus den Federn steigen sollen? — »Verkehrssicherheit des Fahrzeugs überprüfen, leichte Lockerungsübung, z. B. Spurt auf der Stelle, tief ein- und ausatmen« und — auch das muß dem reisenden Bürger gesagt werden, sonst würde der da heute noch tief atmend auf der Stelle treten: »Weiterfahrt.«

Worauf der also weiterfährt und nach weiteren Pausen und innerhalb der obengenannten sieben Stunden auch tatsächlich ankommt, aber noch längst nicht Dehmels Fuchtel entronnen ist: »Am Fahrtziel: kräftige Mahlzeit, danach ½ bis 1 Stunde Ausruhen, danach Duschen, Wäschewechsel« — nanu! Hat sich da doch einer in die Hose gemacht? — »erst d a n n Strand- oder Stadtbesichtigung, ab 20.00 Uhr Bettruhe (der Kraftfahrer ist ab 3.30 Uhr tätig!)«

Stimmt — doch warum ist er das? Nicht lediglich deswegen,

weil er sich strikt an Dr. Dr. Dehmels Vorschriften gehalten hat? Genau. Doch weshalb schickt dieser Hammel seine Schäfchen bereits zur nachtschlafender Zeit auf den Weg? Verkehrstechnische Gründe entfallen — jeder, der mal durch die DDR gereist ist, weiß, wie geruhsam es dort zu jeder Tageszeit selbst auf Autobahnen zugeht. Mit sozialistischer Arbeitsmoral hat das alles ebenfalls nicht viel zu tun — der ganze Aufstehterror wird ja anläßlich einer Ferienreise angezettelt. Nein – dieser Dr. Dr. Dehmel verkörpert einen durchaus zeitlosen und ortsungebunden Typus, den des Ewigen Deutschen: »Deutsch sein heißt, eine Sache um ihrer selbst willen zu tun.« Allerdings kommt er in modernem Gewande daher. Da werden die Leute nicht einfach in aller Hergottsfrühe aus den Federn gescheucht, weil der Herr Doktor Doktor zufällig Frühaufsteher ist und partout nicht einsehen kann, warum es andere besser haben sollen als er selber, da hüllen sich persönliche Marotten (früh = gesund) und tradierter Puritanismus (spät = böse) in das Mäntelchen angeblich gesicherter psycho-physiologischer Erkenntnisse: »Das Maximum der möglichen Leistungsbereitschaft liegt (beginnend etwa zwei Stunden nach dem Aufstehen) zwischen 7.30 und 10.00 Uhr. Günstig ist es, alle Arbeiten, die eine hohe Konzentration erfordern, in diese Zeit zu legen.«

Ach Herrjeh, und es ist bereits 18.30 Uhr. Und ich bin gerade an jenem Punkt meiner Überlegungen angelangt, der allerhöchste Konzentration erfordert, beim möglichst pointierten Schluß nämlich:

»Doktor Dehmel, dieser Dähmel —« nein, das ist dämlich.

»Die DDR — oder sollte ich besser sagen: die Doktor Dehmel Republik —« nein, das ist doof.

»Von der Maas bis an die Memel — alles hört auf Doktor —« oh, nein, das ist völlig unqualifiziert.

Ach ja — vielleicht hätte ich doch früher aufstehen sollen.

Deutschland, deine Belgier

»Wir wünschen frohe Weihnachten und ein glückliches Neujahr allen Belgierfreunden, Cito vom Hohen Licht und sein Harem Zarah, Riel und Aschti« — was geht da vor?

»Fröhliche Weihnacht und ein glückliches neues Jahr wünscht allen Belgierfreunden Uwe von Lichtental, genannt ›Burschi‹« — was soll das?

»Fröhliche Weihnachten und alle guten Wünsche für das neue Jahr wünscht mit einem weihnachtlichen Wau« — alles klar? — »an alle Belgierfreunde Alfi und Prinz mit Frauli« — jawohl, alles klar: vor mir liegen die ›Clubnachrichten‹ des ›Deutscher Club für Belgische Schäferhunde e. V. im VdH‹, und da es sich um die Weihnachtsnummer handelt, gratulieren die wohlerzogenen Hunde erst einmal seitenlang; nicht nur die bereits zitierten, auch Blitz de la Pouroffe, Blitz Joscha von der Moosfluh sowie Gaucho von Gloria, Falk vom Nauenhof und viele, viele andere.

All diese Belgier wünschen allen Belgierfreunden alles Gute, und sie haben auch allen Grund dazu. Die »Belgierfreunde« nämlich sind nicht irgendein Hundeverein, nein, bei ihnen gehören Mensch und Hund zur »Belgierfamilie«, und wenn der Verein einen Ausflug macht, dann herrscht in der Regel »strahlendes Belgierwetter« und man trifft viele »vertraute Belgiergesichter« — je länger ich in den ›Clubnachrichten‹ blätterte, desto weniger konnte ich zwischen Herrchen und Hundchen unterscheiden: Wer züchtet da eigentlich wen?

Clubvorsitzender J. F. Schaller jedenfalls drückt sich äußerst zweideutig aus: »Es wird ganz deutlich, wer sich unserer Rasse verschreibt, ist eine Mischung aus Idealist und Individualist mit einer gut dosierten Menge Humor und Fröhlichkeit. Diese Voraussetzung ist es auch, die unserer Rasse zugute kommt«, schreibt er im Geleitwort.

Wie nun? Fröhliche Belgier dank individualistischen Deutschen? Oder humorvolle Deutsche dank idealistischen Belgiern? Wie auch immer: »Deswegen werde ich auch im kommenden Jahr alles dransetzen, die ›Belgierfamilie‹ in ihrer Eigenart zu erhalten.«

Weshalb der Vorsitzende — Fröhlichkeit hin, Individualismus her — auch mal ein ernstes Wörtchen mit den Belgierfreunden reden muß: »Die Aufgabe, die ich Ihnen zuweisen muß, ist zuallererst, unsere Clubtreffen zu besuchen . . . Gerade die langjährigen Mitglieder sind Garant dafür, daß der Clubgeist weiterhin lebt . . . Das ist es, was uns so wohltuend von den meisten Hundevereinen abhebt, bei denen der Hund nur ›Sache‹, also Mittel zum Zweck ist.«

Wütendes Protestgebell der meisten Hundevereine, vermute ich, aber vielleicht kennt sich J. F. Schaller da besser aus. Auf jeden Fall weiß er um den Wert seiner Arbeit: »Der eingeschlagene Weg erweist sich als gut . . . Wir können uns in Wesen und Schönheit international sehr wohl sehen lassen . . . Wir konnten in Beharrlichkeit und mit kleinen Schritten beides verbessern, ohne unsere Rasse in ihrer Eigenart zu verändern. Das, liebe Belgierfreunde, muß uns auch Verpflichtung im kommenden Jahr sein.«

Kein Mensch muß müssen, doch wenn Wesen und Schönheit der Rasse auf dem Spiel stehen, dann muß das alles wohl sein: die ganze Vereinsmeierei, die ständigen Ausstellungen, die verbissenen Leistungs-, Schönheits- und Wesensprüfungen, die wiederum von eigens ausgebildeten und geprüften Prüfern vorgenommen werden: »Wesensrichterobmann Herr Honegger, Schweiz, lädt alle Wesensrichter und Anwärter zu einem Wesensrichterkurs in CH Frick, Ziegelei . . .«

Mensch, werde wesentlich — bitte sehr, bitte gleich: Worum geht es denn bei diesen Prüfungen im wesentlichen? Also: Es gibt sone Hunde und sone Hunde, falsch, es gibt auch noch sone und sone. Vier »Formwertnoten« nämlich kann der Mensch dem Belgier verpassen:

»Sehr gut — wird nur einem Hund zuerkannt, der die typischen Merkmale seiner Rasse besitzt . . . Man wird ihm einige verzeihliche Fehler nachsehen.«

»Gut — dieses Prädikat ist einem Hund zuzuteilen, welcher die Hauptmerkmale seiner Rasse besitzt, aber Fehler aufweist« — offensichtlich unverzeihliche.

»Genügend« — aber schweigen wir von diesen Krüppeln. Denn das Traumziel aller Zwei- und Vierbeiner ist natürlich die Note

»Vorzüglich«, und die »darf nur einem Hund zuerkannt werden, der dem Idealstandard der Rasse sehr nahe kommt, ein harmonisches, ausgeglichenes Wesen ausstrahlt« — alles klar?

Ihnen vielleicht, mir nicht. Denn so liest sich ein ›Neuester Richterbericht‹:

»K. Bader von der Einöde.

Zierliche dunkle Hündin, mit hellem Kopf, dunklen Augen, bebrillt, Rücken und Kruppe sind sehr gut, Befederung gut, Hinterhand zu steil, im Wesen wachsam, nicht sehr führerbezogen«, so weit, so gut, aber jetzt: »Sehr Ahnentafel belesen.«

Nu, nu, nu — was liest denn unser Hundchen da? Die Ahnentafel? Was'n das schon wieder?

Sehn Sie, sehn Sie — nichts wissen Sie! Weil's nur der weiß, der sich auch wirklich bis Seite 29 der ›Clubnachrichten‹ vorgearbeitet hat. »Wußten Sie schon . . .« ist diese Seite überschrieben, und dann hagelt es auch schon Fragen:

— daß Sie direkt auf der Ausstellung im VdH-Büro die Ausstellungserfolge Ihres Hundes auf der Rückseite der Ahnentafel eintragen können?

— daß Sie eine verlorengegangene Ahnentafel sofort dem Klub melden sollten, damit sie annulliert wird?

— daß die Ahnentafel Klubeigentum ist und nach dem Tode Ihres Hundes dem Klub zurückgeschickt werden sollte?

Fragen über Fragen, die freilich weitere nach sich ziehen, etwa diese: Aber, aber — in welch graue Gefilde hat es uns eigentlich verschlagen? Verlorene Ahnentafeln, tote Hunde — waren denn nicht laut Vorsitzendem J. F. Schaller individualistischer Humor und idealistische Fröhlichkeit die Kennzeichen der »Belgierfamilie«?

Keine Sorge, sind sie immer noch. Denn schon auf Seite 31 der ›Clubnachrichten‹ kommt der Humor wieder zu seinem Recht. Und zwar ein derart ausgeprägter Belgier-Humor, daß ich ihn in voller Länge zitiere. Nein, da wird nichts gekürzt. Hier stehle ich, ich kann nicht anders:

Erinnern Sie sich noch an die Welthundeausstellung Dortmund 1981?

Als ein Richter, der die Jungrüdenklasse Tervueren beurteilte, sich verzweifelt an den Kopf faßte?

Er ging die Jungrüden der Reihe nach durch — Zähne zeigen, Hoden fühlen. Bei einem Jungrüden stutzte er, griff sich an den Kopf, schüttelte den Kopf und fühlte nochmals nach den Hoden — nichts!!! Nochmaliges Fühlen erbrachte auch nicht mehr.

Verzweifelt wendete er sich an das Herrchen. »Hat Ihr Hund keine Hoden?« Das Herrchen wurde verlegen, fühlte bei seinem Hund nach und lief rot an. Daraufhin eilte er mit der inzwischen identifizierten Hündin aus dem Ring und tauschte sie gegen einen anderen Hund aus. Aufgeregt brachte er den *richtigen* Rüden in den Ring.

Der Zuschauerapplaus war auf seiner Seite.

Oder als sich eine Richterin speziell zum Händewaschen vom Sonderleiter eine Schüssel Wasser kommen ließ und dann die Rüden richtete. Nebenbei aß sie ein Würstchen mit Senf. Das ging so: Hände waschen — Hoden fühlen — Würstchen essen — Hände waschen — Hoden fühlen — Würstchen essen.

Im Eifer des Gefechts hatte sie die Reihenfolge vertauscht . . .

Wobei sich natürlich noch ganz andere Vertauschungen denken ließen, etwa: Hände fühlen — Würstchen waschen — Hoden essen — aber apropos essen: Was ist der Mensch? Der beste Freund des Hundes. Und was ißt der Hund? Die ›Hundefutter-Rezepte‹, die Karin Arndt für die ›Clubnachrichten‹ zusammengestellt hat, nach dem Motto: »Ein bißchen Phantasie hilft auch dem Koch in der Hundeküche.«

Etwa beim ›Gurgel-Risotto‹, bei welchem »500 g Schweine-Gurgeln, 200 g Milz, 1 Zwiebel, 4 Karotten, 1 Ei, Petersilie, 1½ Tassen gekochter Reis« so lange kunstvoll vermengt werden, bis es heißt: »Alles zusammen mit den zerkleinerten Gurgeln schnauzenfreundlich temperiert in den Napf geben und am Futterplatz servieren.«

Oder beim ›Rinderherz mit Vollkornbrot‹, beim ›Milz-Spinat‹, beim ›Blutburger‹, beim ›Seehundsnapf‹, beim ›Samojeden-Brot‹ und, natürlich, bei meinem unumstrittenen Lieblingsgericht, dem mit dem phantasievollen Namen ›Willis Kaltschale‹, den phantastisch kargen Zutaten, »2000 g grüner Pansen«, und der so nüchternen Zubereitung: »Den grünen Pansen mit einem gut geschärften Messer in maulgerechte Happen schneiden und in den Napf geben.«

Nun — nichts anderes habe ich bisher mit den ›Clubnachrichten‹ getan.

Jetzt müßte noch — ich weiß, ich weiß! — der satirische Pfeffer über den Hundekuchen gestreut werden, der Mensch will's ja gern etwas pikant; zumindest sollte das ganze Ragout mit irgendeinem Aspekt, einer Tendenz oder wenigstens einer Pointe serviert werden.

Mit alledem aber kann ich nicht dienen. Bin ganz einfach zu neidisch, wenn ich die Seite ›Wir stellen Deckrüden vor‹ aufschlage, bin ganz einfach zu gerührt, wenn ich unter der Überschrift ›Aus Zucht und Zwinger‹ lese: »Zur Wesensprüfung wurden 20 Hunde angemeldet und siehe da: alle haben bestanden! Auch die Wiederholer schafften es diesmal leicht.«

Nein — diese Freude mag ich nicht trüben. Wer bin ich denn? Nie habe ich eine Wesensprüfung bestanden, nie werde ich mich mit dem vorgestellten Deckrüden Pascha du Chemin des Dames vergleichen können: »Seine Titel: Clubsieger 1982, Deutscher Bundessieger 1982, VdH-Champion, französischer Champion, sujet recommandé . . .«

Tja, da sollte ich mich wohl besser ebenfalls empfehlen, mit einem letzten Zitat: »Achtung Züchter! Bitte geben Sie mir sofort Ihre Zuchtpläne für das 1. und 2. Quartal 1984 schriftlich herein . . . Es wäre auch nett, wenn Sie mir mitteilen würden, daß Sie keinen Wurf planen.«

Nein, Herr J. F. Schaller — ich zumindest plane keinen. Alles klar?

(Deutsche Dokumente 1982 – 1984)

›1984‹ — *Eine Revision*

Orwell und kein Ende. Fünfunddreißig Jahre ist es her, daß der britische Prophet seinen Roman ›1984‹ schrieb, nun, da die Zeit sich anschickt, das magische Datum einzuholen, stellt sich allüberall die fesselnde Frage, inwieweit sich die Prognosen des fortschrittsgläubigen Utopikers bewahrheitet haben. Reiften seine berauschenden Blütenträume? Oder hat es der Reif verhängnisvoller Fakten verhindert, daß seine Phantasien verbindliche Früchte trugen, ja: jemals tragen werden?

Erinnern wir uns: Noch ist das Gesicht Europas von den Narben des Zweiten Weltkriegs gezeichnet, da malt Orwell das Bild einer zukünftigen heilen Welt, da entwirft er das beflügelnde Panorama einer Gesellschaft, die auf Liebe, Klarheit, Wahrheit und Ehrlichkeit gegründet ist. Nationale Vielstaaterei gehört der Vergangenheit an. Stattdessen haben sich auf dem Globus drei festumrissene Machtblöcke etabliert: Ozeanien, Ostasien und Eurasien. Parteienzwist gibt es ebenfalls nicht mehr: In Ozeanien, dem Schauplatz des Romans, herrscht eine Einheitspartei, die vom »Großen Bruder« geleitet wird, einem Mann mit »ansprechenden Zügen«, einem »furchtlosen Beschützer«, dessen Gesicht »ernst und ruhig« von allen Wänden und aus allen Fernsehapparaten blickt. Auch auf Winston Smith, den Helden des Romans, der im »Ministerium für Wahrheit« mit der verantwortungsvollen Aufgabe betraut ist, bereits erschienene Artikel der Parteizeitung ›Times‹ so umzuschreiben, daß sie dem jeweiligen Stand der Tatsachen entsprechen. Denn — und so realistisch ist Orwells besänftigender Blick in die Zukunft immerhin gewesen — noch gibt es Krieg. Immer zwei der beiden Machtblöcke versuchen, dem dritten umstrittene Grenzterritorien abzujagen, wobei die Bündnisse freilich von einem Tag zum anderen wechseln können, was wiederum umfangreiche Korrekturen der veröffentlichten Fakten notwendig macht. Da die Partei nicht irren kann, kann sie auch in der Bündnisfrage nicht geirrt haben; da es ihr um möglichst unmißverständliche Wahrheiten geht, bedient sie sich bei ihren Verlautbarungen einer von Fachleuten entwickelten »Neusprache«, die — aber so weit ist es 1984 noch nicht — nicht nur die verbindliche Schrift-, sondern auch die allgemein benutzte Umgangssprache werden soll. Als Parteimitglied beherrscht selbstverständlich auch Winston Smith diese Neusprache, im Gespräch und in seinen Tagebuchnotizen jedoch bedient er sich des gewohnten Idioms, was zu einigen bedauerlichen Mißverständnissen zwischen ihm und der Partei führt, die sich freilich beim Happy-End des Romans in Wohlgefallen auflösen: »Aber nun war es gut, war alles gut, der Kampf beendet. Er hatte den Sieg über sich selbst errungen. Er liebte den Großen Bruder.«

Worte, die dem heutigen und hiesigen Leser von ›1984‹ lediglich ein melancholisches »Schön wär's« entlocken können. Statt des geliebten Großen Bruders herrscht ein geschwätziger Dicker Onkel über sein Land; kein furchtloser Beschützer, ein fürchterlicher Beschwichtiger schaut in seine Wohnstube, sobald er den Fernseher einstellt, ein massiger Mann, dem man bestenfalls einen Gebrauchtwagen, auf keinen Fall jedoch die Fähigkeit abkaufen würde, die Kompliziertheit heutiger politischer Probleme zu begreifen, geschweige denn zu lösen.

Eine Aufgabe, die freilich auch ganz anders dotierte Hirne überfordern würde. Denn — und auch hierin irrte der optimistische Orwell — die Weltlage hat sich in einer Art und Weise verrätselt, daß nur derjenige seinen Verstand darüber nicht verlieren kann, der gar keinen zu verlieren hat. Ein Blick in eine beliebige Zeitung genügt: Statt der prophezeiten drei monolithischen Machtblöcke, statt der beruhigend überschaubaren Grenzkonflikte beuteln den zeitgenössischen Zeitungsleser undurchdringliche Unruhen, die kein noch so bemühter Kommentar zu erklären in der Lage ist. Im Gegenteil: Je detaillierter er abgefaßt wurde, desto ratloser die Verfassung, in der er den Wahrheitssuchenden zurückläßt. Nehmen wir nur den Libanon als Beispiel und die FAZ zur Hand: »Der Libanon liegt von seinen natürlichen Voraussetzungen her zwischen Segen und Fluch. Seit 3500 Jahren gab es Perioden, da der Raum blühte, und andere, da die negativen politischen Energien, die sich im Raum sammelten« — noch orakelt sich Kommentator Thomas Ross einigermaßen abgeklärt, wenn auch nicht unbedingt klärend durch die Jahrtausende, doch unmittelbar darauf kommt die große Übersicht auch schon abhanden, ist die Rede von »den verschiedenen Gemeinden der Christen, Sunniten, Schiiten und Drusen«, von »Damaskus und seinem alawitischen Minderheitsregime«, vom »sunnitischen Fundamentalismus«, der keineswegs mit dem »schiitischen Fundamentalismus im syrisch beherrschten Bekaatal« verwechselt werden darf, da nämlich heißt es höllisch genau hinsehen, denn — und so schließt der Kommentar —: »Der Libanon verlangt den steten Blick beider Augen.«

Glücklicher Winston Smith! kann der ›1984‹-Leser da nur sagen — sofern es ihm überhaupt gelingt, wenigstens eines der beiden Augen vom Libanon weg und in das Buch hineinzurichten —, beneidenswerter Romanheld! Der nämlich braucht keinerlei Spezialkenntnisse des Islam oder der vorderasiatischen Geographie, um halbwegs auf dem laufenden zu bleiben, er hat es dank seines schönfärberischen Schöpfers mit Nachrichten, Ortsangaben und Vorgängen zu tun, unter denen man sich noch was vorstellen kann: »Schon schnatterte eine aufgeregte Stimme aus dem Televisor: ›Großes strategisches Manöver — eine halbe Million Gefangene — Kontrolle über ganz Afrika — Sieg, Sieg, Sieg!‹«

Heile Welt auch am Arbeitsplatz des Winston Smith, dem Ministerium für Wahrheit. Dank der von Orwell erdachten Neusprache hat der Umschreiber Smith keinerlei Schwierigkeiten, verwickeltste politische und geistesgeschichtliche Vorgänge auf den gewünschten Punkt zu bringen. Aber hören wir Orwell selber: »Als Beispiel diene ein typischer Satz aus dem ›Times‹-Leitartikel: ›Altdenker unintusfühl Engsoz.‹ Die kürzeste Wiedergabe, die davon in der Altsprache möglich gewesen wäre, hätte lauten müssen: ›Diejenigen, deren Weltanschauung sich vor der Revolution geformt hat, können die Prinzipien des neuen englischen Sozialismus nicht wirklich von innen heraus verstehen.‹ Aber das ist keine ausreichende Übersetzung . . .«

Welch eine Neusprache, die nicht einmal ausreichend übersetzt werden kann! Während uns Heutige auf Schritt und Tritt eine neue Sprache belästigt, die sich — mangels Inhalt — überhaupt nicht in irgendeine sinnvolle Altsprache übertragen läßt: »EL DORADO. HOTEL ERLEBNISWELT. DIE NEUE HOTEL-

DIMENSION. FIRST CLASS WOHNEN MIT INDIVIDUELLEM PLEASURE FLAIR«, so beginnt eine fast wahllos aus der ›Neuen Zürcher Zeitung‹ herausgegriffene Anzeige, und so geht sie unerbittlich weiter: »SUNSHINE. FITNESS. SPORT DORADO. DER SPORT UND DIE FREIHEIT. SPORT CHECK UP, CYCLOTHEK, MULTIROOM-SAUNA, RELAXING CORNER. TROPEN FLAIR. BODY LUXUS. DER COCKTAIL AUS PALMEN UND WASSER: TROPIC GARDEN, TRO-PENPOOLS, PALMENINSELN. GAUMEN FESTIVAL. UNTERHAL-TUNGSTOPTIP. DAS APRÈS BUSINESS PROGRAMM: SUPERB DAS PARK ROYAL. PYRAMIDENBUMMEL. POOL-BAR. SHOWFLOOR. HOT-HOUR . . .«

Beneidenswerter Winston, der, lebte er heute, kein Wort einer derart sinnentleerten Reizsprache begreifen würde, glück-licher Smith, dem Orwell noch eine ehrliche Antwort auf die uralte Frage zuteil werden ließ, wie denn politische Macht sich legitimiere, und zu welchem Zweck sie eigentlich ausgeübt werde.

»Das Wie verstehe ich, aber nicht das Warum«, hatte Orwell sein Geschöpf am Anfang seines Romans ins Tagebuch schrei-ben lassen, fünfunddreißig Jahre später fragt sein Zeitgenosse, der ›Spiegel‹-Beiträger Hans Magnus Enzensberger in einem Aufsatz über Flick und die Parteispenden-Affäre: »Eine kardi-nale Rätselfrage allerdings, die sich doch jedem Denkenden stellen muß . . .: Wie ist die rattenhafte Geldgier der Parteien eigentlich zu erklären? . . . Wozu das Ganze?« Worauf der Fra-gende allerlei polit-psychologische Mutmaßungen anstellt — »Das ist der Sinn ihrer Verschwendungsorgien: Es gibt uns wirklich! Wir sind!« —, ohne doch auch nur einen einzigen parteioffiziellen Beleg für seine Vermutungen beibringen zu können. Die staatstragenden Parteien nämlich begründen die Notwendigkeit der Parteienfinanzierung ganz anders, viel bür-gernäher: »Vom Bürger wird hier nur verlangt«, so sagt es ein verflossener Schatzmeister der CDU, der Professor Burgba-cher, »daß er die Politik mitfinanziert, deren Früchte er genießt, denn nur dank der Politik dieser Parteien kann er überhaupt die Steuern zahlen, aus denen auch das finanziert wird.«

Realitätsgebeutelter Winston Enzensberger, dessen Frage nach dem »Warum?« auch nach acht langen ›Spiegel‹-Seiten unbeantwortet bleibt, utopischer Hans Magnus Smith, dem sein väterlicher Freund und Umerzieher, das hohe Parteimitglied O'Brien, bereits vierzig Seiten vor dem Schluß der Ullstein-Taschenbuchausgabe die ganze Wahrheit sagt: »Warum halten wir an der Macht fest? . . . Jetzt werde ich Ihnen die Antwort geben, sie lautet: Die Partei strebt die Macht lediglich in ihrem eigenen Interesse an. Uns ist nichts an dem Wohl anderer gelegen; uns interessiert einzig und allein die Macht als solche. Nicht Reichtum oder Luxus oder langes Leben oder Glück: nur Macht, reine Macht. Was reine Macht besagen will, werden Sie gleich verstehen. Wir sind darin von allen Oligarchien der Vergangenheit unterschieden, daß wir wissen, was wir tun. Alle anderen, sogar die, welche uns ähnelten, waren feige und scheinheilig . . .«

»Waren« — der ›1984‹-Leser von 1984 kann Orwells rückblickendem Präteritum lediglich ein resigniertes Präsens entgegensetzen: »Sind sie doch immer noch!«

Und sie werden es wohl auch für immer bleiben. Liebe, Wahrheit und Ehrlichkeit — nicht nur der Mensch von 1984, auch der von 1985 oder 1986, ja selbst der von 1987 wird sie vergeblich in der Politik seiner Zeit suchen. Hier also irrte Orwell. Doch war es nicht schon immer die Aufgabe, ja das Vorrecht der Dichter, die Welt etwas rosiger vorauszuschauen, als sie sich dann in Wirklichkeit darstellt?

(1984)

ANHANG

ANMERKUNGEN

Bis zum 18. Mai 1984 hatte ich meine von 1972 bis 1979 während Satire-Abstinenz für eine durchaus persönliche Angelegenheit gehalten, obwohl ich es eigentlich hätte besser wissen müssen. ›Meine Geschichte‹ – das gibt es nur noch als Hausfrauenzeitschrift, doch da das höchste Glück der Erdenkinder nunmal die Persönlichkeit ist, ist jeder entschuldigt, der sich solange es geht soviel individuelles Schicksal wie möglich vorgaukelt. Irgendwann schlägt ohnehin jedem die Stunde der Wahrheit, bei mir fiel der Groschen, als ich Jutta Duhm-Heitzmanns Kabarett-Report im ›Zeitmagazin‹ las.

»Die relative Kabarett-Stille dauerte etwa fünf Jahre«, schreibt sie da; die ›Lach- und Schießgesellschaft‹, das ›Reichskabarett‹ und Wolfgang Neuss – sie alle hätten 1972 aufgehört, das ›Bügelbrett‹ sei ihnen bereits 69 vorangegangen. Alles Daten, die ich natürlich kannte, ohne daß ich sie im Zusammenhang mit mir gesehen hätte. Daß durch Studentenbewegung und sozialliberale Koalition den Kabarettisten das satirische Wasser abgegraben worden war – das hatte sich bis zu mir herumgesprochen. Aber sollten die Ursachen meines Pausierens ähnlich schlichter Natur gewesen sein?

Noch weigere ich mich, dem restlos zuzustimmen, möchte jedoch niemanden mit meinen Vorbehalten behelligen. Halten wir uns lieber an die Tatsache, daß die Eckdaten 1972 und 1977 so etwas wie Wendemarken sind – nicht nur, daß Ende der 70er neue Kabaretts auf den Plan traten, auch die alte Garde, ›Lach- und Schießgesellschaft‹, ›Reichskabarett‹, ›Bügelbrett‹ und Neuss faßten wieder Tritt, und ich kann sagen, daß ich mitgelaufen, richtiger: im Trend mitgeschwommen bin.

Doch ob ich mich ohne die anfeuernden Frankfurter Mitschwimmer überhaupt noch einmal in die Satire-Fluten gestürzt hätte? Pünktlich zum Ausklang der 70er Jahre jedenfalls, im September 1979, gründeten Peter Knorr, Chlodwig Poth, der Verleger Gerhard Sondermann, Hans Traxler, F. K. Waechter und ich die Zeitschrift ›Titanic. Das endgültige Satiremagazin‹.

Noch ist es zu früh, die Geschichte dieses ehrgeizigen Dampfers zu erzählen. Daß es ihn nicht, wie seinen Namensvetter, bereits bei der Jungfernfahrt geschrägt hat, daß er nun schon fast fünf Jahre durch meist rauhe See stampft, daß es das wenig angepaßte Blatt auf mehr als fünfzig Ausgaben gebracht hat, daß zunehmend jüngere Zeichner und Schreiber das Ruder führen – das alles ist immerhin schon etwas.

Was ich von der ›pardon‹-Mannschaft sagte, gilt in verstärktem Maße für die ›Titanic‹-Crew und die ›Titanic‹-Beiträger, für die sich mehr und mehr die Sammelbezeichnung ›Neue Frankfurter Schule‹ einzubürgern beginnt: immer noch kein Programm, immer noch viel Freude an wechselnden Auftritten, immer noch viel Team-Arbeit. Eilert, Knorr und ich haben uns häufig zu dritt sowohl um zeitübergreifenden Unfug wie um aktuelle Zumutungen gekümmert, um Russen, Reagan und Raketen, die Reisen des Papstes, den Rentenschwindel, die Kanzlerkandidatur des Franz Josef Strauß, den Niedergang des Helmut Schmidt, die Werbung der ›Bild‹-Zeitung, die Antifaschismus-Revuen, die Hausbesetzungen in Berlin und anderswo, die Bodenspekulation in Frankfurt am Main und die Worte des Vorsitzenden Helmut Kohl, bis hin zu jener unsäglichen Geschichte, die sich unter dem Titel ›Die Wende‹ vor unser aller Augen abspielt. Bis auf eine Ausnahme habe ich nichts davon in diese Sammlung aufgenommen, bis auf einige Ausnahmen beschränkt sich auch der zweite Teil auf *meine* Texte und auf meine *Texte*.

Die Anmerkungen habe ich – ebenfalls mit einer Ausnahme – auf das Notwendigste beschränkt. Die Einsicht in die gebrechliche Einrichtung der Welt hindert mich, zu erwarten, sie werde meinen Worten sogleich Taten folgen lassen. Ich gebe ihr daher noch etwas Zeit. Vielleicht sprechen wir uns wieder.

S. 9 *Liebe Else, lieber Peter*
Zur Erinnerung zwei Liedtexte jener Jahre. Nina Hagen auf ihrer ersten LP ›Nina Hagen Band‹, 1978:

Ich bin nich deine Fickmaschine,
spritz spritz, das isn Witz äh . . .
Schätzchen, wir müssen ausnandagehn.
Tschau tschau du alte Sau!!!

Der zweite Liedtext stammt, wenn ich mich recht erinnere, von der Gruppe Hans-A-plast, deren Sängerin davon berichtet, wie sie einen Jungen anmacht, dann aber feststellen muß, daß er nicht mehr der jüngste ist:

Hau ab, du stinkst
hau ab, du stinkst
sieh zu, daß du's bei deiner Alten bringst.

Das Leserecho auf den Briefwechsel übrigens bestätigte meine im Kapitel ›Zwischenspiel‹ dargelegten Beobachtungen: Es gab keins.

S. 13   *Raddatzong, Raddatzong*

Daß man nicht vorschnell urteilen, gar verurteilen soll, ist eine Binsenweisheit. Fritz J. Raddatz verdanke ich es, daß sie mir zu einer sinnlichen Erfahrung wurde.

1983, vier Jahre nach dem ›Zeit‹-Dossier also, erschien im Fischer Verlag ein 530 Seiten starkes Buch: Fritz J. Raddatz, ›Die Nachgeborenen. Leseerfahrungen mit zeitgenössischer Literatur‹. Es enthält eine Vielzahl von Aufsätzen zu Literatur und Literaten der Nachkriegszeit und beginnt mit dem Kapitel ›Die deutsche Nachkriegsliteratur begann im Kriege‹.

Kein simpler Nachdruck des Dossiers, o nein, vielmehr eine erweiterte und verbesserte Fassung, na ja, auf jeden Fall erweitert. Denn Verbesserungen oder auch nur Berichtigungen konnte ich kaum ausmachen. Kaum? Geht's nicht genauer? Na gut: Hier ist zunächst ein Geständnis fällig. Ich bekenne, die Neufassung ganz beckmesserhaft mit der Erstfassung und — natürlich — mit meinen Anmerkungen verglichen zu haben. Doch sosehr ich auch verglich, Raddatz hatte alles so stehen gelassen, das »unterschiede« und das »zersiebt«, das »bewußter Vorgang« und das »Desintegration mit« — alles, alles. Bis auf zwei Ausnahmen. Statt »Erbitternis« heißt es nun »Erbitterung« und die nicht analysierten Kausalitäten lesen sich im

Buch folgendermaßen: »Das meint wohl Martin Walser, wenn er Weyrauchs Arbeit als eine des ›Präsens‹ charakterisiert, also als eine, die keine Kausalitäten analysiert.«

Im stillen beklagte ich bitter die Vergeblichkeit jedweder Kritik, auch der bösgemeinten, versunken grübelte ich darüber nach, wieso der Raddatz so schrieb wie er schrieb — durch Eile bedingte Schludrigkeit schied als Ursache offensichtlich aus —, doch dann tat ich das einzig Richtige: Da ich sein Buch schon mal angefangen hatte, las ich einfach weiter. »Ein Buch ist ein Spiegel, wenn ein Affe hineinguckt, so kann freilich kein Apostel heraus sehen«, sagt Lichtenberg. Und erst einmal verlief meine Raddatz-Lektüre auch durchaus affenmäßig. Von Seite zu Seite hüpfend, pflückte ich Stilblüte um Stilblüte, Blüten, die sich nach und nach in meinen Händen zu ganzen, deutlich unterschiedenen Sträußen bündelten. Sträuße, die ich dem Leser zunächst wie gehabt weiterreichen möchte, um ihn zum Schluß — doch der liegt noch in weiter Ferne — mit einer ganz neu gewonnenen Einsicht zu überraschen.

ERSTER STRAUSS: DOLLES DEUTSCH

Raddatz über Walser: »Jedenfalls sind die Bücher des zur politischen Erkenntnis gekommenen Walser blutleer, falb, dorr.« Druckfehler für »dürr«? Nichts da. In seinem Enzensberger-Aufsatz spricht Raddatz auch von Clemens Brentano, über den Enzensberger einst promovierte, und »von der dorren Wüstensprache des Romantikers«.

Aus demselben Aufsatz: »Es sind Strichätzungen zur geistigen Physiognomie Hans Magnus Enzensbergers, den Jahre vor diesen Debatten Johannes Bobrowski schon in einem Distichon lächerte« — belächelte? Lächerlich macherte? Ach, wer so fragt, macht sich doch nur selber lächerich.

»Er (Tucholsky) hatte den Mut, ein Patriot zu sein . . . Kein Franzose und kein Pole, kein Engländer und kein Tscheche ließe sich das abhandeln, abschnöden« — abschneiden? Nein, nein. »Schnöde mir bloß meinen Patriotismus nicht ab, du!« wie der Tscheche ja gern zum Engländer sagt.

Erinnern Sie sich noch an die Hoffnung, die »zersiebt«? Und an meine Frage, ob es nicht »versiegt« oder »zerstiebt« heißen müsse? Die Antwort weiß ganz allein der Raddatz: »So man allerdings Gedichte oder Prosa oder Stücke als Reagens begreift ... dann ist dieser Zersiebungsvorgang ... Teil des historischen Prozesses.« Was immer da zersiebt wird, es wird *zersiebt* und nicht etwa zerstiebt. Denn *das* Wort gibt es auch, jedenfalls bei Raddatz, und das bedeutet etwas ganz anderes, jedenfalls bei ihm: »Martin Walsers Stücke haben eine stärkere kritische Brennschärfe als die großen — durch gelegentlichen vokabulären Quasselgalopp zerstiebten — Romane.« Nein, nicht etwa zerstobenen. Der Ausdruck »zerstobene Romane« ist nämlich nur ganz sinnlos, der Terminus »zerstiebte Romane« aber ist es ganz *und* gar.

ZWEITER STRAUSS: SUBJEKTIVE GRAMMATIK

Zwei Beispiele aus dem Aufsatz über Koeppen: »Der Schriftsteller, der immer und immer wieder sich als Mann ohne Bindung charakterisiert hatte ..., erkannte als ersten den Kitt, den die Deutschen zum Verfugen ihres Neubaus benutzten.« Muß natürlich »als erster« heißen, ist möglicherweise ein Druckfehler. Das hier ebenfalls? »Indem Koeppen sich von der herkömmlichen Romanform mit ihrem Helden und dessen einsehbaren, gar mitvollziehbaren Schicksal löst« — etwas zu viele falsche Fälle, um noch als Druckfehler durchgehen zu können, oder? Entweder: »seinem einsehbaren ... Schicksal« oder »dessen einsehbarem ... Schicksal« oder meinetwegen »dessen einsehbaren Schicksalen« — aber ganz ohne Dativ läuft die Chose nicht.

Über Christa Wolf: »Zu Beginn der Lektüre denkt man — was, das hat sie tatsächlich den Studenten erzählt ...? Diese touristisch wirkende freundliche Verwunderung, die immer wieder eigene kleine Erzähleinheiten bilden?« Lassen wir die Frage beiseite, ob eine Verwunderung irgendwas bilden kann, Erzähleinheiten eingeschlossen. Vermeiden wir auch die Gegenfrage, ob es etwa die Erzähleinheiten sind, die ihrerseits zur Bildung der Verwunderung beitragen. Fragen wir lieber: Wieso bilde*n*? Subjekt des seltsamen Satzes ist doch wohl Verwunderung — müßte sich da das Prädikat nicht ebenfalls dem Singular anbequemen?

Über Bodo Kirchhoff: »Die Selbstbesichtigung wird nie Selbstbezichtigung — der intime Vorgang ist stets auch Reaktion einer Steuerung von außen« — wer reagiert da auf wen? Reagiert die Steuerung von außen, und hat das den intimen Vorgang zur Folge? Wenn ja — worauf reagiert sie? Auf eine weitere Steuerung von noch weiter außen? Oder reagiert der intime Vorgang auf besagte Steuerung? Ich vermute letzteres, ohne daß mir der Vorgang dadurch sehr viel klarer würde. Aber klare grammatikalische Bezüge sind ja auch was Schönes.

DRITTER STRAUSS: BEFREMDLICHE FREMDWÖRTER
Während der Wortschatz und die Grammatik seiner Muttersprache für Raddatz lediglich Material sind, das er nach Belieben umformt, läßt er die Fremdwörter in ihrer Gestalt unangetastet. Nicht aber in ihrem Gehalt. Den füllt er gern mit neuem Sinn auf:

»Hans-Josef Ortheils Buch ›Fermer‹ ist solch eine Prosaetüde dessen, was man eine unaggressive Angst nennen möchte: Lethargie.« Kann man aber nicht, jedenfalls noch nicht. Lethargie wird, jedenfalls im ›Fremdwörter-Duden‹, als »1. krankhafte Schlafsucht; 2. körperliche und seelische Trägheit; Gleichgültigkeit, Teilnahmslosigkeit« definiert — unaggressive Angst ist das alles beim besten Willen nicht. Aber was nicht ist, kann ja noch werden.

Über Wolfgang Koeppens Prosa: »Sie ist ganz einheitlich wohl nur in seinem fiktiven Erzählwerk der Nachkriegszeit« — und nicht in seinen späteren Reiseberichten. ›Fiction‹ kontra ›non-fiction‹ also, zwei angelsächsische Begriffe, die sich — noch — nicht problemlos eindeutschen lassen. Jedenfalls nicht durch »fiktiv«, sprich »eingebildet, erdichtet«, da von einem lediglich in der Einbildung existierenden Erzählwerk Koeppens nicht die Rede sein kann — seine Romane gibt es ja.

Über Günter Grass: »Das Buch ›Kopfgeburten‹ setzt diese neue Prosastruktur fort. Ein virtuoses Meisterstück. Es ist gearbeitet wie das, was man in der Malerei eine Gouache nennt, es wirbelt Techniken und Methoden durcheinander, läßt sich auf jede Form ein, aber verläßt sich auf keine.«

Kein Verlaß auch auf Raddatz. Das, was man in der Malerei

eine Gouache nennt, kann schon deshalb keine Techniken durcheinanderwirbeln, weil die Gouache eine Maltechnik *ist*. Eine Technik wie die Ölmalerei oder das Aquarell, der Tempera-Familie zugehörig, wasserlöslich und deckend. Aber das, was in der Malerei immer so die Techniken und Methoden durcheinanderwirbelt — wie heißt das noch mal gleich? Irgendwas mit »asch«, ganz recht. Vernissage? Nein. Gulasch? Nein, nein. Collage? Jawohl, die Antwort ist richtig! Und genau das hatten wir auch sagen wollen — stimmt's?

Vierter Strauss: Ausgefallene Einfälle

Was immer Raddatz fehlen mag — Wortschatz, Grammatikkenntnisse, Sprachgefühl —, um Einfälle ist er nicht verlegen. Zu Robert Wilsons Theater fällt ihm — aus welchen Gründen immer — Alexander Kluges Film ›Die Artisten in der Zirkuskuppel: ratlos‹ ein: »Auf fast sensationelle Weise hat — von der Kritik meist unter ratloser Zirkuskuppel begrüßt — Robert Wilsons Theater das vorgeführt.« Was vorgeführt? Was weiß ich. Nach solchen Sätzen fühle ich mich immer wie eine Zirkuskuppel: ratlos.

Zu Enzensberger fällt Raddatz der romantische Dichter Clemens Brentano ein, sowie die Tatsache, daß Enzensberger in seiner bereits erwähnten Doktorarbeit irgendeinen Zusammenhang zwischen Brentano und einem gewissen Góngora hergestellt haben muß: »Er begreift dieses Meisterwerk Brentanos (Das Gedicht ›Der Traum der Wüste‹) als unaufhörliches Gedicht, als Litanei zum Tode hin, das ... Góngora vorwegnimmt.« Womit Brentano (1778—1842) in der Tat ein Meisterstück gelungen sein dürfte, nimmt er doch jemanden vorweg, der mehr als 200 Jahre vor ihm gelebt und gedichtet hat, besagten Spanier Góngora (1561—1627).

Vor allem aber fallen Raddatz zeitgenössische Roman- und Filmtitel ein, und was ihm dazu einfällt, erraten Sie nie: »Zeitgenössische Romane führen Individuen im Sinne des Wortes vor: Einzelwesen. Sie heißen ›Hubert‹ oder ›Fermer‹ oder ›Schlatt‹ ... Filme heißen ›Hammett‹, ›Stroszek‹ oder ›Fitzcarraldo‹ — es sind Menschen ohne Bindung, sie stehen vor ihrer Gesellschaft wie Botho Strauß' Lotte vor der Sprechanlage des Hoch-

hauses, aus der zerhackter Sperrmüll quillt statt Antworten« —
das muß eine merkwürdige Sprechanlage sein, aus der zerhackter Sperrmüll quillt, aber unzerhackt hätte man den wahrscheinlich gar nicht durch diese ganzen dünnen Kabel gekriegt. Doch
worum geht es eigentlich — ach ja! Hat Ihnen das auch so
eingeleuchtet, das mit den zeitgenössischen Menschen, die bin-
dungslos vor ihrer Gesellschaft stehen, was man ja auch an all
den zeitgenössischen Roman- und Filmtiteln ablesen kann, die
immer diese Einzelwesen vorführen — haben Sie da ebenfalls
so heftig mit dem Kopf nicken müssen: Stimmt, Klassebeob-
achtung? Ja, ja, ich auch, klar. Äußerst zeitgenössisch, in der
Tat. Früher gab's das ja nicht, diese Titel mit den Einzelwesen,
außer vielleicht bei ›Antigone‹, ›Parzival‹, ›Hamlet‹, ›Macbeth‹,
›Minna von Barnhelm‹, ›Faust‹, ›Don Carlos‹, ›Michael Kohl-
haas‹, ›Fidelio‹, ›Oblomow‹, ›Madame Bovary‹, ›Anna Kareni-
na‹, ›Effi Briest‹, ›Salome‹, ›Lulu‹, ›Winnetou I‹, ›Winnetou II‹,
›Winnetou III‹ — aber bin ich denn blöd, daß ich hier Titel an
Titel reihe? Wer nicht bereits beim allerersten mitgekriegt hat,
daß des F. J. Raddatz Titelverweis nichts weiter ist als eine
völlig halt- und inhaltslose feuilletonistische Wind- und
Dummbeutelei, dem ist auch mit tausend Titeln nicht zu helfen
und — doch wo bin ich eigentlich gelandet? Ich, der ich
eingangs vor vorschnellen Verurteilungen gewarnt und nun mit
ganz vorlauten Schimpfereien geendet habe? Aber ich habe ja
noch gar nicht geendet! Während der Raddatz-Lektüre nämlich
verschlug es mich auf eine Wiese, auf welcher ich das Blüten-
rupfen rasch aufgab. Zuviel des Guten. Entmutigt ließ ich die
Hände sinken, verwirrt schaute ich um mich, und da endlich
begriff ich, daß ich dem Fritz Ojottojott Raddatz fortwährend
Unrecht getan hatte. Er ist nämlich nicht der, der er scheint.
Ein Journalist, ein Kritiker, ein Essayist — der darf das alles
nicht, was der Raddatz da macht: Grammatik, Worte und
Inhalte nach seinem Bilde formen. Ein Dichter aber darf das
nicht nur, er muß es geradezu. Ein Dichter muß nämlich nicht
»schreiben« können. Konnten das denn ein Hölderlin, ein
Trakl, eine Else Lasker-Schüler? All jene also, die es nicht
literatengleich mit der Sprache getrieben haben, sondern die
von der Sprache getrieben wurden, oft genug in Dunkelheiten,

die sich auch heute noch platter Einsicht verweigern? Und Raddatz ist ein Dichter. Bereits der erste Satz des Klappentextes sagt es: »Wie kaum ein anderer ist Fritz J. Raddatz zugleich Kritiker der deutschen Gegenwartsliteratur und ihr Bestandteil«, und wie kein anderer beweist dieser Bestandteil die Richtigkeit dieser Behauptung. Spätestens in jener Passage seines Buches, in welcher er seinen Mißmut gegenüber Schallplatten mit Autorenlesungen zum Ausdruck bringt. Aber zu welchem Ausdruck!

»Es zeigt sich nämlich, daß ein literarischer Text . . . so nicht begriffen werden kann; der Verabreichungsgestus, mit dem der schwarze Teller die Worte austeilt, ist a-literarisch per se: Literatur ist keine passiv aufzunehmende Grammatikdusche« — wir merken uns, daß Literatur keine Dusche ist, die Schallplatte aber ein schwarzer Teller, der eigenhändig Worte verabreicht. Alles klar? Abwarten! »In dem Augenblick, in dem es ein reflektorischer Text ist, . . . entflieht der Text, spritzt und zerstäubt vom Plattenrand wie Wasser vom Mühlrad« — offenbar ist Literatur doch so etwas wie eine Dusche, während die Schallplatte kein schwarzer worteverteilender Teller ist, sondern eher ein Mühlrad, von welchem der Text mehr so zerstäubt. Alles unklar? Moment! »Gar erst Bloch . . . Jede Assoziation, jeder eigene Gedanke ist vollkommen unmöglich, weil ein Innehalten unmöglich ist. Fast erbarmungslos dreht der flachgepreßte Spinnrocken sich weiter, dreht Bedenken und Nachdenken und intellektuelles Innehalten durch und flach« — was geht da vor? Die Schallplatte ist also weder Teller noch Mühlrad — die waren immerhin noch beide rund —, sondern etwas Längliches, das an seinen Enden spitz ausläuft, ein Spinnrocken nämlich. Der aber ist zugleich eine Art Fleischwolf, allerdings einer der erbarmungslosesten Sorte, da er es fertigbringt, so immaterielle Dinge wie Bedenken, Nachdenken und Innehalten nicht nur durch-, sondern auch flachzudrehen. Flachdrehen . . . Und der, der da flachdreht, ist seinerseits selber flachgepreßt . . . Ja — so steht das bei Raddatz.

Gegenüber solch einem Text gibt es nur zwei Möglichkeiten: Flüchten oder Feiern. Entweder dreht sich einem der Magen auf oder ab oder wie, oder man dreht den Spieß flach oder durch oder was, indem man die Hoffnung auf irgendeinen Sinn endgültig auf- und sich gänzlich dem Rausch der Bilder hingibt: Habemus poetam!

Und ob wir den haben. Im Frühjahr 1984 brachte der Rowohlt Verlag die Erzählung ›Kuhauge‹ heraus, das erste unmaskiert dichterische Werk des Fritz J. Raddatz. Noch immer aber ist er Feuilletonchef der ›Zeit‹. Noch immer darf — muß? — er die Öffentlichkeit über seine wahre Identität hinwegtäuschen, indem er so tut, als sei er imstande, über Sprache und Inhalte anderer Dichter zu urteilen. Das aber kann er nicht. Wer so sehr um eigenen Ausdruck ringt wie Raddatz, der hat keine Hand frei, auch noch das Gelingen oder Scheitern anderer Dichter in Worte zu fassen. Ob Raddatz Koeppen tatzelt — »Ernsthafte Literaturkritik ist seine Sache nicht« — oder Christa Wolf streichelt — »Christa Wolfs Prosa ist makellos« —, er sollte seine Pfoten von diesen Damen und Herren lassen.

Wo er statt dessen hinlangen kann, verrät der Klappentext, wenn er in aller Unschuld mitteilt: »Was Fritz J. Raddatz hier vorlegt, ist die Summe seines Umgangs mit der Literatur, ein zugleich leidenschaftliches, aggressives wie liebevolles Buch.«

So herzlich-schmerzlich aber, so weltvergessen lustvoll, so bar allen Wissens und Wägens darf man nur mit seiner selbstgemachten Literatur umgehen. Für den, der sich mit der Literatur anderer befassen möchte, gilt leider immer noch jene strikte Faustregel preußischer Kritikeranstalten, die da unmißverständlich besagt: »Beim Schreiben gehören *beide* Hände über die Bettdecke.«

Der Ordnung halber sei noch angemerkt, daß es sich bei dieser Anmerkung um die unwesentlich gekürzte Fassung eines Beitrags in ›Titanic‹ 6/84 handelt. Das heißt, eigentlich verhielt es sich umgekehrt: Die ursprünglich geplante Anmerkung hatte sich unter meinen Händen zu einem Beitrag ausgeweitet, den ich anschließend wieder eigenhändig zu einer Anmerkung zurechtstutzte. Aber interessiert das alles überhaupt irgend jemanden? Ich hoffe, nein. Doch da ich gerade so schön dabei bin, möchte ich der Unordnung halber noch etwas zu dieser Anmerkung der Anmerkung anmerken.

Zu den angenehmeren Seiten des Älterwerdens zählt die Tatsache, daß man immer mehr Leute immer besser kennenlernt. Nicht nur in natura kreuzen und begleiten sie unseren Lebensweg, viel häufiger tun sie das als spirituelle Wesen, als reine Stimmen oder geisterhafte Bilder, die sich lediglich in gedruckten Texten oder in flüchtigen TV-Auftritten materialisieren. Doch je öfter man ihnen über den Medienweg läuft, desto deutlicher wird der Umriß dieser Geistwesen. Nach und nach lernt man nicht nur ihre biographischen Daten kennen, weiß man nicht nur Bescheid über beruflichen Werdegang und gegenwärtigen Standort und Stellenwert innerhalb der Hochkultur — mit den Jahren werden die Kenntnisse immer intimer, kennt man nicht nur Idiosynkrasien, Abneigungen und Vorlieben der Künstler, Kritiker und Publizisten, sondern weiß man auch um Feindschaften, Verliebtheiten und Wahnvorstellungen, was den Unterhaltungswert der Lektüre natürlich erheblich steigert.

Wohlgemerkt: Ich rede von dem, was der regelmäßige Zeitungsleser mit der Zeit so mitbekommt, und nicht von jener Eingeweihtheit, die erst durch tätige Teilnahme am Kulturbetrieb erworben werden kann. Doch was für den schieren Liebhaber des kulturellen Lebens abfällt, ist immer noch derart reichlich, daß es manchmal aber wirklich reicht.

So schön es ist, wenn irgendein Kritiker irgendeinem Dichter oder — schöner noch — irgendeiner Dichterin die Treue hält und jedes neue Werk lauthals abfeiert, und das über Jahre, ja Jahrzehnte, am schönsten sind natürlich die Fehden. Gern denke ich noch an die Zeit zurück, da sich Sieburg und die Siebenundvierziger regelmäßig in die Wolle gerieten, da Handke es dem Reich-Ranicki gab, worauf »unser Lautester« (Eckhard Henscheid) natürlich zurückbellte, dieser unermüdliche Mann, der noch so viele andere Fehden laufen hatte — mit Walser, mit Andersch, mit Dürrenmatt —, da prallten nicht nur Werke, Kritiken, Gegenstimmen, den Kritiker kritisierende Gedichte, ja bissige Zeichnungen aufeinander, sondern fühlende Wesen, und der teilnehmende Zeitungsleser kam sich bei der Lektüre manchmal fast wie im richtigen Leben vor.

Einen ganz besonders schönen Schaukampf aber — und damit

bin ich endlich wieder beim Thema — liefern sich bereits seit
Jahren Fritz J. Raddatz und Gerhard Zwerenz. Besonders
schön deswegen, weil sich da nicht einfach Kritiker und Dichter gegenüberstehen, sondern weil beide beides sind, mal also
der Kritiker Raddatz den Publizisten Zwerenz in die Pfanne
haut, worauf der Kritiker Zwerenz am Dichter Raddatz Rache
nimmt — aber das ist noch nicht alles. Letzten Schliff und
einzigartige Würze erlangt das Gekabbel der beiden durch zwei
zusätzliche Gemeinsamkeiten: Beide sind Tucholsky-Biographen, mehr noch: so etwas wie Statthalter Tucholskys auf
Erden, und beide pflegen einen äußerst laxen Umgang mit der
Sprache, den beide dem jeweils anderen ungemein penibel
ankreiden.

Zwerenz über Raddatz: »Unzählbare schiefe und verrutschte
Sprachfügungen ... Wie verlief eine frühere Begegnung Tucholskys mit Mary? Nun sie ›verlief unselig‹. Das ist doch nett
von der Begegnung, vergleicht man es mit der Stadt Paris, die
Tucholsky viel Schlimmeres antat: ›Paris überfällt ihn wie ein
Rausch.‹ Das haben Räusche so an sich, daß sie einen überfallen ... Da hat Tucholsky sein Leben lang solche Floskeln
verlacht und verhöhnt, sein Biograph und Herausgeber ver-
wendet sie gleich dutzendweise, welche Schwäche er mit vielen
Leuten teilt. Aber sowas ausgerechnet bei einem Tucholsky-
Spezialisten?«

Raddatz über Zwerenz: »Zwerenz kann so schöne Poesie-
Album-Sätze formulieren ... An diesen wenigen Stellen (wenn
Zwerenz in seiner Biographie nicht Tucholsky zitiert, sondern
sich an eigenen Sätzen versucht, R. G.) ist es gar kein schönes
Buch, denn da muß der zu dicke Tucho ›das Übergewicht
erneut draufhaben‹, ›dem armen Jacobsohn eins reinwür-
gen‹ ...« und so weiter im sprachkritischen Text.

Auge um Auge also; Zahn um Zahn aber sprechen sie einander neben der sprachlichen auch jede fachliche Kompetenz ab.

Zwerenz über Raddatz: »Literaturgeschichtsschreibung. Oh,
Herr Doktor Fritz J. Raddatz. Keine Ohren. Keine Augen.
Keine Neugierde. Keine Nachforschungen. Jeder kleine Pro-
vinzreporter recherchierte da genauer und höbe mehr ans
Licht.«

Raddatz über Zwerenz: »Einen solchen Gipfelpunkt literarischer Hochstapelei und frecher Banausie hat eine deutsche Papierbedruckanstalt ihren Lesern seit langem nicht vorgesetzt ... Gezwirn aus Verdrehungen ... unendlich viele Sachfehler ...«

Wann diese Fehde begann und warum sie es tat — ich weiß es nicht. Ich merkte erstmals auf, als ich Mitte 1979 Zwerenz' Buch ›Kurt Tucholsky. Biographie eines guten Deutschen‹ in die Hände bekam. Den Raddatz kannte ich bereits, doch als ich den Zwerenz las, begriff ich rasch, daß da dem Feuilletonchef ein Ebenbürtiger gegenübertrat.

Zwerenz über die Deutschen: »Wo Reflexion nötig war, triumphierte Ressentiment. Faßte man solche Bewegungen in Maßeinheiten, so lieferte die Mehrzahl der Deutschen auch nach den desaströsen Erfahrungen des Ersten Weltkriegs noch immer lieber ein ›Fühl‹ statt ein ›Denk‹.«

Zwerenz über den Selbstmord: »Heinrich Heine ... hatte in den langen, qualvollen Jahren der Matratzengruft nicht Hand an sich gelegt; oder näher zum politischen Aktivisten hin, Wladimir Iljitsch Lenin hätte sich, auch im langen Züricher Exil, voll von Erfahrungen desaströser Einsamkeit, nie umgebracht. Aber Heine war Heine, Lenin war Lenin und Tucholsky war eben Tucholsky.«

Zwerenz über Tucholsky: »Kranker Mann was nun. Das intellektuelle und emotionale Feuer geht in die Brisanz der Briefe. Danach wieder ab ins Sanatorium, ins Krankenhaus, unters Messer ...«

Zwerenz über den ›Weltbühne‹-Rezensenten Rudolf Augstein: »Auch scheut Augstein die Parallele ›Weltbühne‹ — ›Spiegel‹. Zwar unterscheiden sich die Zeitschriften gar, wenn auch nicht ganz; zerstörte die ›Weltbühne‹ die Weimarer Republik, zerstört vielleicht der ›Spiegel‹ die Bonner Republik. Also wehrt man auch aus eigenem Interesse die Unterstellung ab. Aber nicht so ganz, nicht genau, nicht mit der früheren stilistischen Courage. Warum nicht. Mag sein, die ersten Federn matten altershalber dahin. Das andere aber ging mit um ...«

Die altershalber dahinmattenden ersten Federn — das ist ja eigentlich bester Raddatz. Der hätte den Sprachschöpfer Zwerenz ja eigentlich nicht schnöden oder lächern dürfen, er hätte ihn lobeln müssen. Doch leider, leider fanden sich im selben Buch ja auch die bereits zitierten bösen Sachen über ihn, also plusterte er seine Feder gewaltig auf.

›Kein besserer Herr‹ war die Zwerenz-Rezension überschrieben, die Raddatz am 1. Juni 1979 in der ›Zeit‹ veröffentlichte, und ebenso tucholskymäßig — der nämlich hatte eine Arnolt-Bronnen-Rezension ›Ein besserer Herr‹ genannt — ging es weiter: »Da laßt mich mal ran. Dieses Buch will besprochen sein« — so nämlich hatte Tucholsky seinen Bronnen-Verriß eingeleitet. Worte, die Raddatz natürlich nicht zufällig gewählt hatte: Wenn der Satiriker sich schon nicht selber gegen seinen Biographen wehren konnte, dann sollte die Abwehr wenigstens im Geiste Tucholskys geschehen, richtiger: durch jemanden, in dem dessen Geist weiterlebte.

Doch der, der da im Geiste des großen Toten und mit dessen Worten gezaust wurde — denn die Rezension endete auch genau so, wie Tucholsky seinerzeit geendet hatte: »Nun, wenn ein Hundewürstchen auf der Straße umstritten ist, weil es die Hunde zwar fröhlich beriechen, die Menschen aber dem Ding aus dem Wege gehen . . . : dann ist dies ein umstrittenes Buch« — dieser Zwerenz also, dem der Tucholsky-Biograph und Tucholsky-Sprecher Raddatz mit Tucholsky-Sätzen an den Karren fuhr, war seinerseits nicht nur ebenfalls Tucholsky-Biograph, sondern ebenfalls jemand, der sich als Tucholsky-Nachfolger begriff. Womöglich mit noch besserem Recht als Raddatz. Immerhin hat Zwerenz Satiren geschrieben, ein ganzes Buch voll, ›Die Geschäfte des Herrn Morgenstern‹, und darin läßt er gleich zweimal durchblicken, wes Geistes Kind er ist. In der Satire ›Wetten, daß ich Tucholsky drucken würde‹ schmettert ein ängstlicher Chefredakteur alle Satiren-Vorschläge des kühnen Zwerenz ab und bedauert zugleich, »daß es heute keinen Tucholsky mehr gibt«. Das ist zuviel für Zwerenz: » ›Das hab ich gern‹, schrie ich, ›einen toten Polemiker gegen einen lebenden auszuspielen. Wenn Tucholsky heute lebend vor Ihnen stünde, dann erginge es ihm genauso wie unsereinem.‹« Und in der Satire ›Ein Gespräch zwischen Gerhard und Zwerenz‹ wird der noch lebende Polemiker noch deutlicher:

ZWERENZ Ich fühle mich tatsächlich zweigeteilt. Zum Beispiel in dich und mich.

GERHARD Wer von uns beiden ist der bessere?

ZWERENZ Wir sind beide gleich schlecht. Weil einer allein gar nicht so schlecht sein kann, haben wir uns aufgespalten.

GERHARD Wie Kurt Tucholsky.

So viel zu den beiden Tucholsky-Stellvertretern, die das — bisher — letzte Mal aufeinanderstießen, als Zwerenz des Raddatz' Erzählung ›Kuhauge‹ im ›Stern‹ besprechen durfte. Man rate, mit welchem Ergebnis.

Und noch ein allerletztes Wort zum Helden ihrer Lebensbeschreibungen. Dessen erleuchteter Witz scheint die merkwürdigsten Motten anzulocken. Zwei haben wir bereits kennengelernt, der Vollständigkeit halber sei noch rasch der dritte der bisher drei westdeutschen Tucholsky-Biographen erwähnt. Es ist Klaus-Peter Schulz, Arzt, ehemaliger SPD-Abgeordneter, Verfasser der Rowohlt-Monographie über Tucholsky und überzeugter Verfechter der Prügelstrafe: 1978 wurde er vom Westberliner Landgericht wegen Mißhandlung von Schutzbefohlenen in Tateinheit mit Körperverletzung verurteilt, da er über Jahre Pflegekinder nach einer selbstverfaßten Hausordnung mit Stock- und Handschlägen auf den, bei Bedarf auch nackten, Hintern zu strafen pflegte.

Raddatz, Zwerenz, Schulz — mit dieser Aufzählung ist beileibe keine Gleichsetzung gemeint, zumal ja die mißhandelte Sprache nicht vor Gericht ziehen kann. Und es ist auch sicherlich reiner Zufall, daß der Name des Biographierten mit einem »y« endet, die Namen der Biographen aber sämtlich mit einem »z« schließen. Trotzdem sei mir noch ein letzter Seufzer gestattet: Tz tz tz …

S. 20   *Volk ohne Öl*
Tonfall und Personal dieser Prosa entlehnte ich dem Freikorpsroman ›Wir rufen Deutschland‹ von Edwin Erich Dwinger, Jena 1932.

S. 32 *Nun brennt mal schön*
Dieser Beitrag entstand in Zusammenarbeit mit Pit Knorr.

S. 50 *Sieben Wochen Einsamkeit*
Aus dem Fernsehprogramm für Freitag den 27. Januar 1984:
»23.00 Heut' abend: Frank Elstner zu Gast bei Joachim Fuchsberger.«

S. 61 *Wie lesen die Deutschen?*
»Ist's wirklich nur der Deutsche, der so liest?« mag sich mancher Leser beim Lesen gefragt haben. »Woher weiß der Autor
das denn mit Bestimmtheit?«

Weil er sich rundum informiert hat, daher.

»Ja, aber der Italiener . . . Weiß der Autor denn auch, wie der
Italiener . . .«

Natürlich weiß er das. Denn wie der Italiener liest, das haben
den Autor die Prospekte des italienischen Verlages Armando
Curcio gelehrt, Faltblätter, in denen beispielsweise für die
›Nuovissima Enciclopedia Universale Curcio‹ geworben wird:

Und was sehen wir da? *Alle* Familienmitglieder sitzen, *keines*
braucht gegen das Buch abgeschirmt zu werden, Vater, Tochter
und Mutter haben Hand-Buch-Kontakt.

Und der Prospekt für Curcios ›Grande Enciclopedia del Fardasé‹, des Heimwerkers also, geht sogar noch weiter. Er zeigt eine Szene, die in Deutschlands Familien ganz und gar undenkbar wäre: La mamma hält das Buch ganz alleine in Händen, und il babbo hält sich auch noch an ihre Anweisungen:

S. 71 *Des Pöbels Kern*

Der Opernball 1983 fand natürlich wieder in der Oper statt, war jedoch laut ›Bild‹-Zeitung so langweilig und teuer, daß eine Reihe von Gästen in den Kneipen der benachbarten Freßgaß auf ein Bier einkehrten. Ob die Langeweile darauf zurückzuführen war, daß diesmal kein einziger heulender Derwisch für Gesprächsstoff gesorgt hatte?

Der Opernball 1984 schließlich war, glaubt man der FAZ, »ein solides Vergnügen ohne habsburgische Etikette ... Eine in Ballbeobachtung nicht unerfahrene Frankfurterin meinte, ›das Fest brummt‹, und dies war ein Kompliment.«

Sie vergaß zu sagen, weshalb das Fest brummte. Ich vermute, vor Dummheit.

S. 74 *Mit Humor geht alles besser*

Der Zeichner Paul Päng war der Verlegenheitsbruder des etwas älteren Pit Päng, ebenfalls Zeichner. F. K. Waechter und ich hatten beide in die Welt gesetzt, um unter beider Namen mal so richtig witzige Witzseiten machen zu können, wobei Waechter den Pit und ich den Paul zeichnete. Unsere mit viel Hallo begonnene Zusammenarbeit für den guten schlechten Witz war leider nicht von langer Dauer: Pit Päng trat nur dreimal und Paul nur dieses eine Mal in ›Titanic‹ auf.

Jammerschade, doch wahrscheinlich hatten wir unser Hauptpulver bereits an jenem Sommerabend verschossen, als wir, sekundiert von Hilke Raddatz, Bernd Eilert, Hanno Rink und anderen, Pit Päng aus der Taufe hoben und ihm als Taufgeschenk in geradezu rauschhafter Begeisterung ein umfangreiches Witz-Seiten-Programm in die Wiege legten. Keine dieser Witzseiten wurde je gezeichnet oder auch nur angedacht, woran, fürchte ich, die Themen ebenso schuld waren wie unsere Befürchtung, das ganze Unternehmen könnte gründlich mißverstanden werden.

Trotzdem kann ich unsere Themenliste von 1980 nicht ohne leise Wehmut lesen. Ob zu Recht oder Unrecht, das mag der folgende Auszug aus meinem Sudelheftchen erhellen. Zwei Slogans machen den Anfang, dann aber geht es gleich richtig los:

Wer sieht die Dinge nicht so eng? Pit Päng.
Wer zeichnet nur aus der Lameng? Pit Päng.
Zurück aus Afrika — unser Zeichner Pit Päng sieht schwarz.
Immer feste druff! Auch Kinder wollen mißhandelt werden, meint unser Zeichner Pit Päng.
»Wie war noch mal der werte Geiselname?« Unser Zeichner Pit Päng entführt Sie in die Welt des Kidnapping.
Ritter Orgas muß mal wieder — darauf versteift sich unser Zeichner Pit Päng.
»Heroinspaziert!« Eine Spritze voller Witze von unserem Zeichner Pit Päng.
Blaue Jungs! Unser Zeichner Pit Päng nimmt die Bundeswehr aufs Bier — äh Korn.
Bombenstimmung! Unser Zeichner Pit Päng terrorisiert seine Leser.
Alternatief gesunken! Unser Zeichner Pit Päng flippt aus.

Die Bullen kommen knüppeldick — mit entwaffnendem Humor reagiert unser Zeichner Pit Päng.

Wer nicht päderastet, rostet — unser Zeichner Pit Päng will es auch mal besser knaben.

Tja ... na ja ... eigentlich doch ein Segen, daß das alles ungezeichnet blieb, oder?

S. 78 *Und ewig summen die Ständer*

Was wurde aus unseren ganzen Männern?

Der MARLBORO-Mann reitet immer noch in die untergehende Sonne, und der CAMEL-Mann planscht immer noch durch tropische Gewässer — doch die anderen?

Den WINSTON-Mann und den WEST-Mann habe ich so lange nicht gesehen, daß ich das Schlimmste befürchte. Sie werden doch nicht etwa ... Hand an sich gelegt haben?

Kleiner Lichtblick: Der REVAL-Mann ist in die Zivilisation zurückgekehrt. Er hat sich ein kleines Haus am Meer gekauft und versucht dort mit Brot und Aal die Weiber anzulocken. Offensichtlich ohne Erfolg. Vielleicht sollte er es mal mit »Bananen-Zitronen« versuchen.

Seit dem ersten ›Titanic‹-Heft vom November 1979 gehören die ›Briefe an die Leser‹ zu den beliebtesten Kolumnen, was sicherlich darauf zurückzuführen ist, daß diese Kurzform zu den intelligentesten und wirkungsvollsten Erfindungen der jüngeren Satire-Geschichte zählt — doch was heißt hier: »zu den«? Gibt es überhaupt andere vergleichbare Innovationen?

Nicht daß ich wüßte, und ich darf das alles so laut sagen, da ich an dieser Erfindung ganz und gar unbeteiligt war. Während ›Titanic‹ konzipiert wurde, als zuerst Eckhard Henscheid, Pit Knorr und der spätere Chefredakteur Lionel van der Meulen in Knorrs Wohnung tagten, war ich ebenso abwesend, wie während der ersten Konferenzen in und mit der Redaktion, zu der zu Beginn Niklaus Jungwirth, Elsemarie Maletzke und Paul Taussig zählten.

Es war der ›Titanic‹-Gestalter und Redakteur Jungwirth, der während eines Zweier-Brainstorms mit Chefredakteur van der Meulen den Einfall hatte, wie man drei Probleme auf einen Schlag lösen könne: Das Heft sollte, erstens, mit kurzen Beiträgen starten, doch das sollten, zweitens, weder die üblichen Leserbriefe sein, noch, drittens, Glossen herkömmlicher Machart.

Das Ei des Jungwirth waren die ›Briefe an die Leser‹, die seither wie eine Eins und zu Beginn jedes Heftes stehen: schlakken-, gnaden- und bedenkenloser lassen sich Information, Meinung und Pointe nicht an die jeweilige Frau / den jeweiligen Mann bringen.

Die verschiedensten Federn haben sich bisher dieser so zwangsläufig wie zwanglos anonymen Form bedient, namenlose Beiträger ebenso wie prominente, Gruppen ebenso wie Solisten, Redakteure ebenso wie Freie Mitarbeiter — sie alle trugen dazu bei, daß sich in den ›Briefen‹ so etwas wie ein ›Titanic‹-typischer Stil entwickelte, der, wie jeder gute Stil, nicht durch individuelle Höchstleistungen geprägt, sondern durch ein durchgehend hohes, nicht an Einzelpersonen gebundenes Niveau gekennzeichnet ist; man denke nur an die altägyptische Plastik, die abendländische Gotik oder den amerikanischen Slapstick.

Wenn ich nun einige der Briefe, die ich geschrieben habe, aus dem Kontext der Kolumne löse, so bedeutet das nicht, daß ich sie ganz und gar als *meine* Briefe betrachte. Keiner von ihnen wäre jemals geschrieben worden, hätte nicht Jungwirth den auslösenden Einfall gehabt, viele von ihnen wurden nur deswegen verfaßt, weil ich die Anlässe zuvor mit verwandten Geistern bereden konnte, von »Hast du schon gehört, was der Mischnick da wieder verzapft hat?« bis hin zu »Ja, stimmt, das könnte man eigentlich in einen Brief packen!«

Was Kleist über die Gedanken gesagt hat — daß sie sich allmählich beim Reden verfertigen —, gilt auch für satirische Einfälle. Nicht nur bei den ›Briefen‹. Auch die Anlässe, Marschrichtungen und Pointen einiger anderer Beiträge dieses Buches gingen erstmal mehrmals über den Konferenz-, Privat- oder Wirtshaustisch, bevor ich dann alles auf die Reihe brachte.

S. 140   *Ein ungeheuer offener Brief*

Die bisher letzte Trendmeldung zum Thema Nummer 1 fand ich in der Nummer 15/1984 des Magazins ›Time‹, dessen Titel bereits alles verriet: ›Sex in the '80s — The Revolution Is Over‹. Nanu. »Einige Statistiken zeigen an, daß sich beim sexuellen Verhalten ein Erdrutsch in Richtung eines neuen Konservativismus vollzieht, welcher sich möglicherweise bereits in den Mittsiebzigern in Bewegung gesetzt hat.« Na sowas. »Sexualforscher Wardell Pomeroy aus San Francisco, ein Mitarbeiter Kinseys, sagt voraus, daß der neue Konservativismus nicht anhalten wird: ›In drei bis vier Jahren geht's wieder in Gegenrichtung‹, sagt er. ›Das ist unausweichlich. Ich glaube nicht, daß sich das unterdrücken läßt.‹ «

Na fein — dann kann ja alles weitergehen, wie gehabt.

S. 144   *Die Stellvertreter*

Aus der Rubrik ›Personalien‹ des ›Stern‹, Nummer 18/1984: »Johannes Paul II., 63, Papst, ist der Hauptdarsteller auf Videocassetten, mit denen der Vatikan christliche Botschaft zu verbreiten sucht. Eine für den Vertrieb der frommen Aufzeichnun-

gen gegründete Gesellschaft ›Centro Televisivo Vaticano‹ ver-
kaufte bereits in den USA erfolgreich Bildkonserven von einer
Reise des Heiligen Vaters nach Lourdes. Als nächstes soll eine
Cassette mit dem Titel ›Pardon‹ auf den Markt kommen, die
Johannes Paul während seines Besuchs bei dem türkischen
Papst-Attentäter Ali Agca im römischen Rebibbia-Gefängnis
zeigt und das zwanzigminütige Gespräch zwischen den beiden
wiedergibt.«

S. 147   *Deutsche Dokumente*

Als im Juli 1982 das erste ›Deutsche Dokument‹ erschien, hatte
ich folgendes PS angefügt: »Der Obertitel dieses Beitrags,
›Deutsche Dokumente‹, soll in diskreter Weise andeuten, daß
mit ihm so etwas wie eine lose Folge eingeleitet worden ist, eine
punktuelle Bestandsaufnahme von BRD-Realität anhand ge-
druckter Realien, mit Hilfe von Verlautbarungen, also Prospek-
ten, Reklamen, Festschriften und ähnlichen, ja, Dokumenten.
Ob es wirklich zu einer Folge kommt, liebe Leser, hängt nicht
zuletzt von Ihrer Mitarbeit ab. 200 000 Augen sehen mehr als
zwei, schön wäre es, wenn all diese Augen sich nicht so sehr
auf den großen spektakulären Unfug, sondern verstärkt auf den
kleinen laufenden Schwachsinn richten könnten. Der nämlich
dokumentiert den Geist der boring eighties meist deutlicher
und unterhaltsamer, als es das, beispielsweise, ›Bulletin der
Bundesregierung‹ tun könnte. Das mag vorerst genügen, ein
Anfang ist gemacht. Den Anlaß schickte uns übrigens Günter
Steinhauer aus Wuppertal zu, ihm gilt unser Dank. Weiter so!
Stichwort: Deutsche Dokumente.«

Die Mitarbeit der Leser war — und ist — über Erwarten
groß. Bisher habe ich nur einen Bruchteil der meist sehr erwä-
genswerten Einsendungen vorgestellt, nie konnte ich mich —
keine Zeit, keine Zeit — in angemessener Form bei den Einsendern bedanken. Das sei hiermit so pauschal wie herzlich nach-
geholt: Herzlichen Dank allen Einsendern!

FAZIT:

Warum ich nicht gern Satiriker bin und mich nur ungern als solchen bezeichnet sehe. Keine Satire

Irgendein Grund, irgend etwas nicht sein zu wollen, findet sich immer. Wenn aber jemand sieben Gründe dafür hat, dann sieht die Sache schon anders aus. So nämlich:

ERSTENS: DIE TOTEN SATIRIKER
Welche Kämpfe! Welche Leiden! Welche Anfeindungen! Welche Tode!

Heine, der nach jahrelanger Qual im Exil der Pariser Matratzengruft stirbt; Panizza, der im Irrenhaus endet; Mühsam, der sich im KZ erhängt; Tucholsky, der im schwedischen Exil Veronal nimmt — alles Männer, deren Witz blutigen Ernst zur Folge hatte. Als Ossietzky wegen eines Artikels, den er als Chefredakteur der ›Weltbühne‹ zu verantworten hatte, ins Gefängnis mußte, nannte Tucholsky das in der ›Weltbühne‹ die »Quittung für gute Arbeit«. Demselben Tucholsky wird noch heute von Kritikern tadelnd vorgehalten, daß er, der Gesellschaftskritiker, Maßanzüge und teures Porzellan geschätzt habe. Ein Glück, daß er wenigstens Selbstmord gemacht hat, man wüßte ja sonst gar nicht so recht, ob seine Satiren eigentlich ernst zu nehmen sind. So freilich . . .

Dabei sind sich Tucholsky und seine Kritiker im Prinzip einig: Das Werk der Zeitkritiker und Satiriker fällt erst dann so richtig ins Gewicht, wenn ihre häufig doch recht leichtfertigen Produkte durch ein schwieriges Leben, vor allem aber durch einen schweren Tod beglaubigt und geadelt werden. Alles weder süß noch edel — wer wollte sich ein solches Schicksal zum Vorbild nehmen? Wer — sofern ihm sein Leben lieb ist — diesen Unglücklichen nacheifern?

ZWEITENS: DIE LEBENDEN SATIRIKER
Welch schillernder Haufen! Die erträglicheren sind verhinderte

Künstler, die noch erträglichen verhinderte Lehrer, die unerträglichen verhinderte Heilige. Keiner von ihnen hat wenigstens eines jener Fächer studiert, dessen Kenntnis ihn dazu befähigen würde, wenigstens etwas von dem zu begreifen, was läuft — Jura, Volkswirtschaft, meinetwegen auch Atomphysik —, fast alle stammen sie aus dem trüben Bodensatz der Geisteswissenschaften, der Kunstakademien oder der Schauspielschulen. Wie kommen die eigentlich dazu, dieser Zeit, deren Gesetze und Spielregeln sie nicht kennen geschweige denn durchschauen können, die Leviten lesen zu wollen?

Doch sie wollen noch mehr, zumindest die verhinderten Heiligen unter ihnen. Sie wollen verfolgt werden wie richtige Märtyrer, wobei sie sich mangels richtiger Verfolgungen durchaus auch mit weniger zufrieden geben. Da genügt es, daß irgendeine Fernseh-Satiresendung wegen irgendeines Wahltermins verschoben wird, um diese Satiriker in der nächsten Fernseh-Satiresendung eine Sendung lang darüber Klage führen zu lassen, daß die letzte Fernseh-Satiresendung verschoben wurde. Sonderbare Heilige! Und kein Wunder, daß Wolfgang Neuss als Oberheiliger durchgeht. Die leere Wohnung, die langen Haare, die fehlenden Zähne weisen ihn deutlich als geradezu jesusmäßiges Opfer aus. Bei so viel ikonographischer Evidenz wird die Frage nichtig, wer denn dieses Opfer auf dem Gewissen habe. Ein Schuldiger wird sich schon finden lassen — im Zweifelsfalle war es mal wieder die Gesellschaft. Aber apropos Gesellschaft: Wer möchte sich eigentlich in der oben skizzierten Gesellschaft der Gesellschaftskritiker wiederfinden? Wer mit ihnen in einen Topf geworfen werden?

DRITTENS: DIE LESER DER SATIRE
Welch liebenswerte Zeitgenossen! Wie kritisch sie sind! Wie teilnehmend! Wie wach!

Ich jedenfalls habe sie alle gern, und auch sie können mich alle gern haben: Der Werber, der tagsüber Hirn und Herz dafür opfert, daß mehr Intim-Sprays oder Bandnudeln verkauft werden, und der mir abends im Lokal mitteilt, er werde als der radikale Linke, der er bekanntlich sei, das von mir mitverantwortete Blatt bald nicht mehr kaufen, wenn es nicht unverzüglich schärfer werde, speziell in gesellschaftspolitischer Hinsicht.

Oder der Jugendliche, der offenbar das erstemal in seinem Leben etwas von Atomraketen gehört hat und nun zur Feder greift, um mich bohrend zu fragen, wieso ich dagegen noch nicht Stellung bezogen hätte.

Oder die Frau, die mir nach einer Lesung vorhält, ich mache mich der Frauenfeindlichkeit mitschuldig, solange ich an diesem eindeutig frauenfeindlichen Heft mitarbeite — in der letzten Nummer sei gar der Frauen- noch die Ausländerfeindlichkeit beigesellt worden, da eine nackte, deutsche Frau einem nackten, erfreuten Ausländer auf einem schändlichen Titelblatt die beleidigenden Worte »Ausländer rein« zugerufen habe, somit gleich zwei reaktionäre Vorurteile bestätigend: daß es erstens die deutschen Frauen gerne mit Ausländern und daß es zweitens die Ausländer gerne mit deutschen Frauen trieben.

Wird gemacht, wir werden schärfer, sage ich dem Werber und denke: Werde erstmal selber schärfer, du Sack.

Richtig, zu den Atomraketen sollten wir mal was machen, schreibe ich dem Jugendlichen und denke: Ich war schon dagegen, daß Menschen mittels Raketen totgemacht werden, da warst du noch gar nicht auf der Welt, du Grünschnabel.

Das tut mir aber leid, daß wir uns derart mißverständlich ausgedrückt haben, antworte ich der Frau und denke: Schon mal was von uneigentlichem Sprechen, Ironie oder gar Parodie gehört, Verehrteste? Nein — nicht wahr?

Und da ich schon beim Denken bin, denke ich gleich weiter: Daß die alle nicht denken, stutzen, lachen oder sich wenigstens an aesthetisch gelungenen Lösungen freuen, sondern glauben wollen. Daß die noch den schwächsten und ältesten satirischen Dreh gutheißen, wenn er nur ihre ohnehin schon felsenfeste Meinung noch ein bißchen untermauert. Daß sie gerne einer Gemeinde angehören würden, der Gemeinde der Unangepaßten zwar, aber doch bittesehr einer mit klarer Satzung, klaren Glaubensartikeln, klaren Riten und klaren Emblemen. Und daß die ausgerechnet vom Satiriker erwarten, daß der ihnen das alles frei Haus liefert, in Texten oder Bildern, denen nach Möglichkeit jedwede gedankliche oder artistische Zweideutigkeit fehlen sollte — als ob es nicht genügend Buttons, Aufkleber, Parteiprogramme oder Heilige Schriften gäbe, die solche Wünsche viel besser erfüllen.

Welcher denkende Mensch möchte sich zum Befriediger derart schlichter Bedürfnisse reduziert sehen? Wer diesen Ansprüchen entsprechen?

VIERTENS: DIE ANLÄSSE DER SATIRE

Welch ein ständig wiederkehrender Unfug! Welch ein Unfug, sich auf diesen monotonen Unfug einzulassen! Welch eine Abhängigkeit von denen, die den laufenden Unfug produzieren!

Das begeisterte Hecheln der Satiriker, wenn irgendein Politiker mal wieder — endlich! — irgendeinen habhaften Scheißdreck abgesondert hat: »Man kann nicht immer mit dem Grundgesetz unter dem Arm herumlaufen« (der Ur-Ur-Ur-Innenminister Höcherl anläßlich irgendeines Ur-Ur-Ur-Skandals); »Pinscher und Uhus« (der Ur-Ur-Kanzler Erhard anläßlich kritisierender Literaten); »Ratten und Schmeißfliegen« (der amtierende bayrische Ministerpräsident Strauß aus gleichem Anlaß): Wie automatisch sich da die spitzen Federn in Bewegung setzen! Wie pausenlos sie dem einen beleidigenden Bild ungezählte paraphrasierende Bilder, Pointen, Szenen und Anspielungen folgen lassen!

Wo doch jeder auch nur etwas hellere dieser Federschwinger um die Komplizenschaft zwischen ihm da unten und denen da oben wissen müßte. Je plakativer der von oben kommende Scheiß, desto einfacher die untergeordnete Drecksarbeit. Das zeichnet und schreibt sich doch alles wie von selbst, all die Uhu-, Pinscher- und Rattenwitze — ein Jammer, wenn das Publikum allmählich denn doch zu gähnen beginnt und die Satiriker sich gezwungen sehen, schwanzwedelnd auf den nächsten Happen zu warten . . . da endlich!

Schon gehört: Geißler hat den Pazifismus der 30er Jahre für Auschwitz verantwortlich gemacht!

Nein!

Doch!

Und wieder machen sich allüberall die Federn an die Arbeit . . .

Und das sind noch die Highlights! Der Satiriker-Alltag ist weit glanzloser: In regelmäßigen Abständen schwappen die jeweiligen Wellen in sein Arbeitszimmer; je häufiger, desto ununterscheidbarer umspülen ihn die sich ständig wiederholenden Geheimdienst-, Giftmüll- und Abhörskandale, die Mode-, Schlager- und Sexualtorheiten, die Dichter- und Denker-, die Richter- und Henkerjubiläen. Wer seinen kritischen Griffel früh genug in Bewegung gesetzt hat, der kann ab Mitte vierzig von der Substanz leben: Er wird in seinen Schubladen zu fast jedem Anlaß irgendeinen Scherz finden, der sich problemlos neu eintüten und auf den satirischen Markt werfen läßt.

Da werden die Komplizen fast zu Kompagnons — Frau Strauß hatte gar nicht so unrecht, als sie von den Karikaturisten anteilige Prozente an deren Einkünften aus Strauß-Karikaturen forderte: Der ist doch schon rein äußerlich die Karikatur seiner selbst! Von seinen Äußerungen ganz zu schweigen!

Zusammenhänge, die selbst den oberflächlicheren unter den Satirikern einleuchten müßten. Und nur von diesen war bisher die Rede, nicht von jenen, die um viel tiefere Verstrickungen wissen, die sich ihrer untergründigen Affinität zu all dem Bösen bewußt sind, das sie da mit aller ihnen zur Verfügung stehenden Bosheit sezieren. Wär nicht ihr Auge rattenhaft, es könnte all die Ratten gar nicht erblicken, die das Gros ihrer Zeitgenossen so erfolgreich übersieht, da es sein Auge auf Höheres zu richten imstande ist, auf höhere Werte, höhere Wesen, höhere Einkommen. Wer wollte nicht mit ihnen zu diesen Höhen aufschauen können?

FÜNFTENS: DIE MITTEL DER SATIRE

Welch ehrwürdiges Instrumentarium! Während ganze Kunstformen erblühten und erloschen — das Epos —, während andere Gattungen ihre Mittel und Ausdrucksformen auf ungeahnte Weise verfeinerten oder ausweiteten — das Gedicht oder der Roman —, bedient sich die Satire seit Jahrtausenden der gleichen Methoden, um ihre seit Jahrtausenden unveränderte Botschaft halbwegs unterhaltend an den Mann zu bringen.

Immer nämlich ist die Satire dagegen — was immer ihr Anlaß sein mag —, und immer schon stand sie vor dem Problem, diesen kaum überraschenden Befund dem selten überraschten Zuhörer oder Leser schmackhaft zu machen. Probatestes Mittel, ebenfalls seit immer und ewig: das Sichdummstellen — »Kinder und Narren sagen die Wahrheit«. Erprobteste Haltung: das Dasgegenteilvondemsagenwasmaneigentlichmeint, speziell aber das Sotunalsobmandaslobtwasmaneigentlichtadelt — »Denn Brutus ist ein ehrenwerter Mann«.

Eine Haltung, die geeignet ist, schlichtere Gemüter, speziell Zensoren, nicht aber wachere Leser zu täuschen. Ein Dreh, der nie frei von Koketterie war und der vollends unerträglich wird, wenn der Satiriker seiner Satire auch noch den Hinweis »Keine Satire« aufpappt.

Je bewußter dem Satiriker ist, daß der Erkenntniswert seiner Satire zu wünschen übrigläßt, desto dringlicher sieht er sich vor die Aufgabe gestellt, wenigstens den Unterhaltungswert seiner Arbeit zu steigern: »Es hat mir wollen behagen, mit Lachen die Wahrheit zu sagen.«

Hoffentlich lacht auch jemand mit. Und hoffentlich ist deutlich geworden, daß Juvenals so häufig wie gedankenlos bei jedem sich bietenden Anlaß nachgeplappertes »Es ist schwierig, keine Satire zu schreiben« die haltloseste Äußerung zum Thema Satire darstellt, die ein Satiriker jemals in die Welt gesetzt hat. Natürlich war es schon immer schwieriger, eine Satire zu schreiben als es bei keiner zu belassen — eine gute Satire, versteht sich, die schlechten sind ja nicht einmal der Rede wert —, und selbstverständlich gilt das besonders für jene Fälle, bei denen der wohlmeinende Laie gutgläubig Juvenal zitiert: Also das muß doch ein gefundenes Fressen für euch Satiriker sein!

Was? Nun — zum Beispiel die gefälschten Hitler-Tagebücher. Stimmt — keine Satirikerphantasie hätte eine derartige Verarschung von Scheckbuchjournalismus, Publicitygeilheit, verblendeter Selbstgerechtigkeit der Protagonisten und verstörender Widerwärtigkeit des Anlasses auch nur zu träumen gewagt. Nur — dem Traum, der da wahr wurde, hatte er eigentlich nichts hinzuzufügen. Wie noch etwas zur Kenntlichkeit entstellen, dessen wahre Natur bereits der Dümmste erkannt hat? Warum noch den Ruf »Der Kaiser ist ja nackt!«

anstimmen, da doch die ›Stern‹-Caesaren bereits, für jedermann sichtbar, knallrot an ihren Pimmeln nesteln? Weshalb noch — Themawechsel — die Logik der Hochrüstung des Wahnsinns überführen, da der doch auf der Hand liegt, nicht nur auf Kinder- oder Narrenhänden, sondern auf jeglicher, die noch imstande ist, irgend etwas zu begreifen: Selbst der ehemalige Verteidigungsminister Hans Apel blickte schaudernd auf die Sandkastenspiele zurück, zu denen ihn technikberauschte Generäle und sachzwangbesoffene Technokraten während seiner Amtszeit verführt hatten.

Wozu da noch nach Pointen suchen, wo bereits alles auf den Punkt gebracht worden ist?

SECHSTENS: DIE FOLGEN DER SATIRE

Was für verschwendeter Ingrimm! Welch vertaner Witz! Wie viel vergebliche Scharfzüngigkeit!

Lächerlichkeit tötet? Dann müßte sich der Satiriker von Leichenbergen umgeben sehen. Doch die, die er lächerlich zu machen versucht, strotzen nicht nur vor Gesundheit, sie nehmen ihm mehr und mehr die Arbeit ab, indem sie sich immer ungenierter der öffentlichen Lächerlichkeit preisgeben. Die Öffentlichkeit aber sieht's ganz anders. Wenn der Bundespräsident mit den Fischer-Chören um die Wette singt, dann ist das: volkstümlich. Wenn der Kanzler zugibt, daß er weiterhin zu seinem Verteidigungsminister halte, obwohl er sich in bezug auf dessen Qualifikation geirrt habe, so ist das: menschlich. Wenn in immerwährenden Talk-Shows Künstler und Kurtisanen, Schnapsfabrikanten und Schamanen, Politiker und Playboys, Theologen und Transvestiten, Außenseiter und Innenminister gemeinsam dafür sorgen, daß sich jeglicher Inhalt, jedweder Wert und jeder denkbare Unwert derart ununterscheidbar mischen, daß daraus jene ekle Dauerwurst entsteht, die dem Publikum zu jeder Tageszeit scheibchenweise serviert werden kann, so heißt man das: mediengerecht.

Diesem flüchtigen Medium aber kann auch der schnellste Witz nicht auf den Fersen bleiben. Kaum hat er sein Erschrecken über eine Schrecklichkeit in Worte gefaßt, so sieht er sich bereits von neuen, weit schrecklicheren umgeben. Ein Bild sagt mehr als tausend Worte — der Igel Bild ist daher immer schon da, während sich der Hase Wort längst schweratmend in den Acker krallt: nichts läuft mehr.

Als Karl Kraus der Dummheit und Phrase seiner Zeit auf den Hacken war, da trat noch ein Wortmächtiger gegen das — wenn auch zahlenmäßig weit überlegene — Wort der Dummen und Phrasendrescher an. Da konnte er noch auf einen halbwegs fairen Ausgang des Rennens hoffen: Das bessere Wort möge gewinnen. Heute jedoch? Da haben die traditionellen Wort-gegen-Wort-Scharmützel, sprich: Presse-Satire, Presse-Parodie, Presse-Polemik bereits etwas rührend Nostalgisches, wie Ritterspiele oder Schnauferlrennen. Die Attacken der Satiriker auf elektronisch vermittelte Inhalte aber gleichen jenem Angriff polnischer Lanzenreiter, die sich zu Beginn des Zweiten Weltkrieges den deutschen Panzern entgegenwarfen: Sie sind zwar heldenhaft, jedoch derart vergeblich, daß sie letztlich von dem zeugen, was da unter anderem aufgespießt werden soll: von Torheit.

Folgenlos war die Satire schon immer, doch erst dank der audiovisuellen Medien hat diese Folgenlosigkeit eine neue Qualität erreicht. Satire insistiert auf Geschichte. Sie hält fest, sie hält vor: Erinnert euch! Dasunddas hat Derundder gemacht! Dasunddas hat Derundder gesagt! Dasunddas hat Derundder geschrieben! Haltet den Dieb! Ein Insistieren, das sinnlos wäre, glaubte der Insistierende nicht an ein Gedächtnis derer, zu denen er spricht, und an das Erinnerungsvermögen jener, von denen er spricht. Beides aber ist von Verschwinden und Auslöschung bedroht, wenn nicht bereits verschwunden.

Nicht, weil diejenigen besonders böse wären, die über die elektronischen Medien herrschen — und die Medien selbst sind selbstredend überhaupt nicht böse —, nein, was da pausenlos abläuft, ist einfach zuviel des Guten. Das alles kann sich einfach niemand mehr merken; und derjenige, der versucht, irgendeinen bemerkenswert bösartigen Fernsehvorgang in Worte zu kleiden, merkt bald, daß sein Gegenüber gar nicht begreift, wieso er sich so erregt: Ist doch alles bloß Fernsehen. Meint: Ist doch alles eins: Politik und Film, Sport und Feature, Nachricht und Frühschoppen — das alles sind doch nur unterschiedliche Ausformungen unterschiedslos unerheblicher Unterhaltung. Ein Narr, wer da noch Einzelpersonen oder Einzelheiten kritisierte; ein Idiot, wer sich diese Kritik zu Herzen nähme: Was geht mich mein saudummes Geschwätz von gestern an, heut ist heut, das versendet sich. Eine Einstellung, die Schule gemacht hat:

Bei der Werbung, die immer schamloser vom jeweils weißesten Weiß flunkert und damit alle vergangenen Versprechungen als haltlos entlarvt — wer sie geglaubt hat, ist ebenso schön doof wie der, welcher immer noch guten Glaubens versucht, der per se entblößten die Maske von der Larve zu reißen.

Bei der Massenpresse, die von ›Bild‹ bis ›Stern‹ ihre Nachrichten genauso locker erfindet wie die Werbung ihre Produktaussagen und die jeden Versuch einer nachträglichen Richtigstellung schon deswegen ins Leere laufen läßt, weil es kein Richtigstellen im völlig Falschen geben kann.

Bei den Spitzen des öffentlichen Lebens schließlich, die uns immer unverfrorener und unentwegter die Vergangenheit als etwas darstellen, unter das endlich ein Schlußstrich gezogen werden müsse, damit wir uns alle — Hauptsache heiter, das Leben geht weiter — die Lebensfreude nicht verderben lassen; ja, die es in der Kunst der Vergangenheitsbewältigung und Verdrängung so weit gebracht haben, daß sie sich bei Interviews nicht einmal mehr der vorangegangenen Frage erinnern, um um so ungebrochener ihre als Antworten getarnten Fensterreden halten zu können —:

Wer möchte in diesem mitreißenden Klima besinnungsloser Heiterkeit und gedankenleerer Gegenwärtigkeit den völlig abseitigen Part des mahnenden Mentors übernehmen? Wer vermag das überhaupt?

SIEBENTENS: DIE SATIRE ALS SOLCHE

Welch antiquierte Kunstform! Unauslöschlich ist ihr das Stigma der Besserwisserei und dem Satiriker das Mal des Besserwissers eingebrannt. So sehr auch letzterer die schreckliche Wahrheit zu vertuschen versucht, erstere war und ist eine lehrhafte Gattung und der Vertuschende häufig genug ein Oberlehrer. Immer noch glaubt er im tiefsten Grunde seines Herzens daran, daß die Menschheit bildungsfähig und besserungswürdig sei, immer noch traut er sich insgeheim die Fähigkeit zu, den Lümmeln von der ersten bis zur letzten Bank den beschämenden Spiegel vorzuhalten. Als ob wir uns immer noch in der einklassigen Zwergschule befänden! Als ob es noch einen für alle verbindlichen Bildungs-, Verhaltens- und Moralkanon gäbe! Als ob der Herr Lehrer noch um jenen archimedischen Punkt wüßte, von welchem aus — jeglichem Widerspruch entrückt — die Widersprüchlichkeit der anderen sich widerspiegeln ließe!

Doch dem Herrn mit dem Spiegel ist längst nicht nur dieser Punkt, sondern jegliches Podest unter den Füßen entzogen. Er befindet sich — jedenfalls heute und jedenfalls in diesen Breiten — mitten im Gewühl der sich stoßenden, drängenden, ihn über den Haufen rennenden Lümmelmassen. Alle auf dem Weg zu irgendeinem Leistungskurs, alle hinter irgendwelchen, dem einzelnen jeweils hochwichtigen Punkten her, keiner bereit oder auch nur in der Lage, in den hin und her schwankenden Spiegel zu schauen, der dem Halter immer häufiger aus den Händen zu gleiten droht.

Vergebens die Hoffnung, unter diesen Umständen noch irgendeine irgendwie geartete Totalität widerspiegeln zu können, vergeblich der Versuch, aus dem Gewühl auszusteigen — wer sich aus dem atemberaubenden Gewimmel der Gänge in irgendeinen Hörsaal gerettet zu haben glaubt, findet sich alsbald in der unübersichtlichsten Lage wieder; nicht nur die wie immer verbindliche Welt und die vorgeblich offizielle Kultur, auch all die Teilwelten und Gegenkulturen sind mittlerweile derart ausgedehnt, daß der, der aus etwas austritt, sogleich wieder in etwas verstrickt ist: Was tun?

Als im bürgerlichen Jahrhundert der herrschende Stand die Plätze neu verteilte, hatte er auch einen für den Satiriker reserviert: zwischen den Stühlen. Etwas incommod, doch brauchbar: Wer stand, bewahrte immerhin die Übersicht über das, was sich da in noch ungebrochener Selbstgefälligkeit auf den besseren Plätzen räkelte, über Thron und Altar, Militär und Kapital, Lehre und Forschung, genehme Kunst und genehmigte Philosophie. Doch so selbstsicher all diese Herrschaften aufzutreten

schienen, sie alle hatten ihre Achillesferse. Selbst dran schuld:
Man verkündet nicht ungestraft ewige Werte, um zugleich
ungeniert im Hier und Heute sein Glück zu machen. Sie predigten öffentlich Wasser und tranken heimlich Wein, sie sagten
Christus und meinten Baumwolle, sie lehrten Keuschheit und
kauften Liebe, sie bauten Tempel und nutzten sie als Börsen,
sie bleuten Nächstenliebe ein und beuteten den Nächsten aus
— das konnte nicht gutgehen. Dafür ging's dem Satiriker gut.
Er hatte gar nicht so viele Finger, um sie auf all die klaffenden
Wunden und schreienden Widersprüche legen zu können —
aber heute?

Wie eh und je gibt es die Mächtigen, doch nie zuvor hielten
sie sich derart bedeckt. Kein Fabrikant zeigt mehr Flagge,
indem er direkt neben seinem Werk seine Prunkvilla errichtet.
Kein General hält mehr in vollem Wichs mitten in der Stadt
seine aufreizenden Paraden ab. Kein Wirtschaftsführer, kein
Politiker, der mittlerweile nicht öffentlich Wein — sprich: kaufen, kaufen, konsumieren, konsumieren — predigen würde, das
Wasser trinken diese Prediger dann heimlich, um beim Karrie-
restress mithalten zu können — die feisten Unternehmer aber,
die Quallen mit Specknacken und Homburg, leben lediglich in
den Karikaturen biederer Satiriker alten Schlages weiter, Fossi-
lien alle beide, die Dargestellten wie die Darstellenden.

Und die bürgerlichen Werte, jene goldenen Worte, an welchen der Satiriker einstmals die finsteren Taten der Bürger
maß — gibt's die denn überhaupt noch? Sparsamkeit, Enthaltsamkeit, Genügsamkeit; ein Beruf fürs Leben, eine Wohnungs-
einrichtung fürs Leben, eine Frau/ein Mann fürs Leben —
haben nicht die entfesselten Kräfte des Kapitals, die unaus-
weichlichen Sachzwänge neuer Technologien und die leuchten-
den Verheißungen des Konsums mit alldem gründlicher auf-
geräumt, als es sich irgendein delirierender Anarchist der
Jahrhundertwende in seinen systemzertrümmerndsten Phantasien hätte ausmalen können?

Doch zurück zu unserem Herrn mit dem Spiegel. Noch
immer sehen wir ihn ratlos durch die Flure drängeln, immer
noch mustert er immer eindringlicher die enggedrängten und
dichtbesetzten Stuhlreihen in den Hörsälen, aber ach — ein

Platz zwischen den Stühlen ist beim besten Willen nicht auszumachen. Er kann von Glück reden, daß er irgendwo zufällig einen leeren Stuhl erwischt, auf welchen er sich denn auch ermattet fallen läßt, kein strenger Lehrer mehr und kein richtender Außenseiter, keiner, der den Überblick besitzt, höchstens jemand, dem hin und wieder ein Durchblick gelingt; keiner, der es denen mal zeigen will, sondern selbst einer von denen.

Die Widersprüche, in welchen die anderen leben, sind auch die seinen. Die Strategien, mit denen sie versuchen, diese Widersprüche zu verschleiern, zu verdrängen oder — selten genug — zu lösen: Er hat sie alle ebenfalls ausprobiert. Er fordert wie alle die Reinerhaltung der Luft und fährt wie alle Auto. Er beklagt wie alle die Zerstörung der Städte und trägt wie alle sein Geld zu jenen Banken, die die Mittel zur Stadtzerstörung bereitstellen. Er ist wie alle für das Gute und gegen das Böse und hat wie fast alle ein tiefes Mißtrauen gegenüber allen, die vorgeben, den Weg zum Heil zu kennen — da sind ihm die richtigen Gauner fast noch lieber, bei denen weiß er wenigstens, woran er ist. Er — doch von wem reden wir eigentlich? Ist der da überhaupt noch ein Satiriker? Dieser unauffällige Zeitgenosse, der immer seltener den achtlos Vorbeidrängenden den schwankenden Spiegel entgegenhält und stattdessen immer häufiger selber hineinschaut? Hat der überhaupt noch etwas mit unserem Thema zu tun? Oder das, was er so stetig wie ungeordnet vor sich hin denkt —: Daß es der Satire immer um Wahrheit, also um Enthüllung gegangen sei . . . Daß man heutzutage jedoch nichts mehr enthüllen könne, ohne selber die Hosen runterzulassen . . . Daß man sich mit heruntergelassenen Hosen schlecht auf ein Podest stellen könne . . . Daß die Froschperspektive daher wahrscheinlich der angemessenste Blickwinkel sei . . . Daß allein möglichst mißtönendes, und das meine zugleich: möglichst artistisches Gequake all jene stören, vielleicht sogar verstören könne, die da immer noch ihre stramm objektiven Wahrheiten hinausposaunten oder von ihren hochsubjektiven Erfahrungen flöteten . . . Daß es dem Quaker selbstquakend ebenfalls um Wahrheit und Erfahrung gehe, daß er jedoch gerade deswegen den Mut aufbringen müsse, trotz des markigen, ringsum angestimmten »Sei kein Frosch«-Geschreis auf seinem Frosch-Sein zu beharren . . . Daß kleine Schritte und große Sprünge — doch genug des Metaphernsalats. Mehr faßt unsere Opferschale wirklich nicht; es sei mir nur noch erlaubt, das Ganze mit einem letzten Schuß Essig und Öl abzuschmecken.

Kritisieren ist einfach, und wahrscheinlich ließe sich noch viel gegen die Satire sagen. All das jedoch verblaßt vor der Tatsache, daß zumindest unsere Kultur längst verrottet oder zerplatzt wäre, hätte sie nicht früh schon die Möglichkeit satirischen Sprechens entwickelt und — mit Unterbrechungen — immer wieder gestattet. In seinem Aufsatz ›Das Unbehagen in der Kultur‹ spricht Freud von einer der »sogenannten Idealforderungen der Kulturgesellschaft«, dem Gebot »Du sollst den Nächsten lieben wie dich selbst«, und merkt an: »Ein großer Dichter darf sich gestatten, schwer verpönte psychologische Wahrheiten wenigstens scherzend zum Ausdruck zu bringen. So gesteht H. Heine: ›Ich habe die friedlichste Gesinnung. Meine Wünsche sind: eine bescheidene Hütte, ein Strohdach, aber ein gutes Bett, gutes Essen, Milch und Butter, sehr frisch, vor dem Fenster Blumen, vor der Tür einige schöne Bäume, und wenn der liebe Gott mich ganz glücklich machen will, läßt er mich die Freude erleben, daß an diesen Bäumen etwa sechs bis sieben meiner Feinde aufgehängt werden. Mit gerührtem Herzen werde ich ihnen vor ihrem Tode alle Unbill verzeihen, die sie mir im Leben zugefügt — ja, man muß seinen Feinden verzeihen, aber nicht früher, als bis sie gehenkt werden‹ (Heine, Gedanken und Einfälle).«

Ich denke wie Heine und teile Freuds Meinung nicht ganz. Ich sehe nicht ein, wieso nur große Dichter sich solche wahrhaftigen Scherze gestatten dürfen. Noch der kleinste Rüpel kann sie sich mit genau dem gleichen Recht herausnehmen, und er tut dies auch: »Du sollst Vater und Mutter ehren / Und wenn sie dich schlagen, so sollst du dich wehren« (Volksmund).

Unterschiedslos nämlich stoßen den Menschen die Idealforderungen ihrer Kultur sauer auf, und glücklicherweise finden sich immer wieder welche, die da nicht fraglos mitmachen oder klaglos durchdrehen, sondern gnadenlos und ansteckend zurücklachen: Sauer macht lustig. So viel zum Essig.

Zum Öl aber dies noch: Eigentlich hatte ich mir fest vorgenommen, den Titel dieses Buches im Verlaufe dieses Buches mit keinem Wort zu erwähnen — die Bild-Wort-Korrespondenz des Umschlags sollte für sich selber sprechen und zugleich das letzte Wort behalten dürfen. Doch dann — schon hatte ich diese abschließenden Zeilen fast zur Gänze geschrieben — ging ich an einem schönen Sonntagmorgen des schönen Monats Juni durch die schöne Marburger Altstadt. Tags zuvor hatte sie einen Flohmarkt beherbergt, doch nun waren alle Stände wieder abgeräumt, war der langgestreckte Platz menschenleer, erinnerte nichts mehr an das geschäftige Treiben, das ihn belebt hatte. Nichts, außer zwei Büchern, die auf einer Bank liegengeblieben waren, zwei schon reichlich zerfledderte Schwarten, die offensichtlich keinen Käufer gefunden hatten und von ihrem Verkäufer mutterseelenallein zurückgelassen worden waren.

Rief da irgendeine Kinderstimme: »Nimm und lies!«? Ich erinnere mich nicht, doch ich nahm eines der beiden Bücher in die Hand, das Werk ›evangelisch — katholisch in Frage und Antwort‹ von Günther Siedenschnur, ich öffnete es an irgendeiner Stelle — und das, was ich da zufällig und auf den ersten Blick las, das will ich so, wie ich es gelesen habe, wiedergeben, ohne auch noch zu diesem Öl meinen Senf hinzuzu — aber nein! Ich las also: »Nach katholischer Auffassung ist die Letzte Ölung ›ein von Jesus Christus eingesetztes Sakrament, durch das gefährlich Kranken, die bereits den Vernunftgebrauch besitzen, göttliche Hilfe besonders in Todesgefahr und mitunter auch Erleichterung in der Krankheit des Leibes verliehen wird‹ (Gasparri, Katholischer Katechismus).«

Robert Gernhardt, geboren 13.12.1937 in Reval/Estland; studierte Malerei und Germanistik in Stuttgart und Berlin; Mitglied der ›Titanic‹-Redaktion, des OTTO-Autoren-Teams und des Deutschen Künstlerbundes; lebt in Frankfurt/Main und Montaio/Toscana.

Werke im Haffmans Verlag: *Ich Ich Ich* (Roman, 1982) – *Glück Glanz Ruhm* (Essays, 1983) – *Katzenpost* (Kinderbuch mit Bildern von Almut Gernhardt, 1983) – *Gernhardts Erzählungen* (Bildergeschichten, 1983) – *Letzte Ölung* (Satiren, 1984) – *Was bleibt* (Gedanken zur Literatur, 1985) – *Hier spricht der Dichter* (Bildgedichte, 1985) – *Schnuffis Sämtliche Abenteuer* (Bildergeschichten, 1986) – *Die Toscana-Therapie* (Schauspiel, 1986) – *Kippfigur* (Erzählungen, 1986) – *Es gibt kein richtiges Leben im valschen* (Humoresken aus unseren Kreisen, 1987) – *Körper in Cafés* (Gedichte, 1987) – *Innen und Außen* (Bilder Zeichnungen Über Malerei, 1988). – Außerdem regelmäßig Beiträge in Wort und Bild im Magazin für jede Art von Literatur *Der Rabe* (seit 1982).

ÜBER ›ICH ICH ICH‹

»Robert Gernhardt ist das Kunststück gelungen, dem scheintoten Thema ›Ich‹ das quirligste Leben einzuhauchen. Denn er hat einen Blick, der noch die beste Tarnung gnadenlos durchschaut. Wieviel stilistisches Talent dabei seiner lockeren, unverschämten, unterhaltsamen Schreibweise zugrunde liegt, zeigen die Stil-Maskeraden: Im Tonfall der Romantik erzählt er genauso gut wie im Gestus des Kriminalschriftstellers.« *Der Spiegel*

»Mein Lieblingsbuch. Gernhardt hat eine ›tiefenpsychologisch jesusmäßig gekonnt angelegte Story‹ geschrieben, die jedem ans Herz zu legen ist, der die Kunst liebt und der einen Sinn hat für die ständigen Gefahren des Lebens, ins Absurde und Wahnsinnige umzukippen.« *Ingrid Heinrich-Jost/SFB*

»Die Geschichte, wie ein Schriftsteller in einem Hörspiel Peter Handke umbringen läßt und deshalb von einem tumben Kommissar des wirklichen Mordes an dem gefeierten Ich-Darsteller vom Salzburger Mönchsberg bezichtigt wird, gehört zum Witzigsten, was derzeit hier geschrieben worden ist.«
Michael Zeller/Kölner Stadt-Anzeiger

»Der Narzissmus, die Selbstbespiegelung und -befangenheit: hier sind sie Anlässe der Unterhaltung, des ausgiebigen Amüsements. Das nenne ich mir einen Fortschritt!« *Michael Rutschky/Konkret*

»Also vielleicht ein Stück Autobiographie? Ja — aber mit Selbstironie. Ein Künstlerroman auch — und zugleich die Parodie darauf. Eine witzige Variante auf die modische, mitleidtriefende ›Innerlichkeit‹: Tränen werden hier gelacht, nicht geweint.« *Wolfgang Nagel/Stern*

»Gehört ins Reisegepäck jedes (selbst-) kritischen Toskana-Fahrers.«
Bertha Mosdom/Anagramm

Robert Gernhardt

Literarische Werke:

Körper in Cafés. Gedichte. 28.–
Kippfigur. Erzählungen. 32.–
Die Toscana-Therapie. Ein Lehrstück. 18.–
Letzte Ölung. Ausgesuchte Satiren. 38.–
Glück Glanz Ruhm. Betrachtungen. 15.–
Ich Ich Ich. Ein Roman der Selbstsuche. 15.–
Es gibt kein richtiges Leben im valschen. Humoresken. 15.–

HAFFMANS TASCHENBÜCHER

HAFFMANS
TASCHENBÜCHER

könnten Sie auch lesen